Gaby + John

MANA

In der Abenteuer REISEN-Reihe bisher erschienen:

Geliebtes **Australien**
Barbara Barkhausen
978-3-95503-012-4

Verrücktes **Australien**
Daniel Kramer
978-3-95503-032-2

Geliebtes **Kanada**
Marc Lautenbacher
978-3-95503-051-3

Geliebtes **Griechenland**
Kurt Schreiner
978-3-95503-054-4

Geliebtes **Brasilien**
Klaus D. Günther
987-3-95503-064-3

Fremdes **Japan**
Thomas Bauer
978-3-95503-095-7

Fremdes **Neuseeland**
Ann Kathrin Saul
978-3-95503-098-8

Fremder **Iran**
Iris Lemaczyk
978-3-95503-107-7

Fremde **Mongolei**
Bernhard Wulff
978-3-95503-110-7

Wild **Roadtripp**
Mathias Vatterodtl
978-3-95503-119-8

Fernsucht
Rolf Wilhelm Stärk
978-3-95503-171-8

Walk it off
Ann Kathrin Saul
978-3-95503-174-9

Lateinamerika
Bernhard Wulff
978-3-95503-206-7

Alle Bücher sind auch als E-Book erhältlich.

Bibliografische Information der Deutschen Nationalbibliothek
Die Deutsche Nationalbibliothek verzeichnet diese Publikation in der
Deutschen Nationalbibliografie. Detaillierte bibliografische Daten sind im
Internet unter http://dnb.dnb.de abrufbar.

Titelfoto: Kisa_Markiza, iStock
Foto der Autorin: Andreas Forch
Fotos im Bildteil: Iris Lemanczyk, wenn nicht anders bezeichnet

Umschlagentwurf, Satz und Layout:
MANA-Verlag

Druck: Dardedze, Riga, EU
ISBN: 978-3-95503-197-8

Iris Lemanczyk

Fremdes Georgien

Wo die Felsen Augen haben

Inhalt

    Badridschani
    Khatchapuri
    Tschakapuli
    Khinkali
    Lobio aus roten Bohnen
    Tschurtschela

Vorwort

Da war dieses Foto, das ich in einer Zeitschrift sah, eine gewaltige Felswand mit vielen Löchern, die mich wie Hunderte Augen anschauten. Darunter las ich: Vardzia, Höhlenstadt in Georgien. Immer wieder musste ich dieses Foto betrachten. Vardzia, da wollte ich hin. Das muss 2007 oder 2008 gewesen sein, denn im August 2008 kam der Krieg zwischen Georgien und Russland um die abtrünnigen Provinzen Abchasien und Südossetien dazwischen.

Südossetien hatte schon lange nach mehr Autonomie gestrebt. Es gab mehrfach Kämpfe mit georgischen Truppen. Moskau empfand dagegen das Streben der Georgier Richtung NATO und Europäische Union als empfindliche Störung seines Einflusses. Wenn der Krieg auch nur fünf Tage dauerte, so hat er doch insgesamt 850 Menschen den Tod gebracht, auch unter der Zivilbevölkerung. Fünf Tage, in denen Dörfer, Straßen, Kasernen in Schutt und Asche gelegt wurden. Mehr als 100.000 Menschen mussten ihre Heimat verlassen, Georgier etwa, die schon seit Generationen in Abchasien gelebt hatten. Durch einen von der EU vermittelten Waffenstillstand endete der Krieg. Georgien verlor zwei Provinzen: Südossetien und Abchasien. Dort sind seitdem russische Truppen stationiert. Wobei »Provinz« das falsche Wort ist. Sowohl Südossetien, als auch Abchasien nennen sich »unabhängige Republik«, allerdings werden sie außer von Russland, von keinem anderen Land als solche anerkannt. Bis heute darf niemand mehr von georgischer Seite in die »unabhängigen Republiken« einreisen.

Jedenfalls ließ durch den Krieg mein Interesse an Georgien als Reiseland erst einmal nach. Andere Länder traten in den Vordergrund, der Iran zum Beispiel. Dann kam der Film »Weit« von Gwendolin Weisser und Patrick Allgaier, einem Paar aus Freiburg, das dreieinhalb Jahre um die Welt gereist ist, ohne ein Flugzeug zu benutzen. Die Weltenbummler sagten unisono: Georgien sei das schönste Land, das sie auf ihrer Reise besucht haben. Die Erinnerung an das Foto von Vardzia tauchte schon während des Kinobesuchs wieder auf.

Was für ein unfassbarer Zufall oder welch Glück, als ich von der Deutschen Botschaft in Tiflis zum Monat der deutschen Sprache eingeladen wurde. Jedes Jahr im Mai veranstalten die Österreicher, die Schweizer und die Deutschen zusammen den Monat der deutschen Sprache. Es gibt Theateraufführungen, Lesungen, Poetry Slam – auf Deutsch. Ich wurde eingeladen, an verschiedenen Schulen im Land zu lesen, deren zweite Fremdsprache Deutsch ist. Zudem hatte ich eine Lesung am Goethe-Institut in Tiflis sowie eine in Eriwan, Armenien. Daraufhin gab es kein Halten mehr, ich musste in dieses »schönste Land« reisen. Viel wusste ich da noch nicht über Georgien.

Eine Freundin begleitete mich, vor den Lesungen reisten wir im Frühling einige Wochen durchs Land. Ein Jahr später kam ich wieder, dieses Mal allein, denn ich wollte in Ruhe recherchieren, wollte Gespräche führen, wollte mich treiben lassen.

Was mich an Georgien so fasziniert? Das vorderasiatische Land an der Nahtstelle von Asien und Europa, bietet auf kleinem Raum – Georgien ist ungefähr so groß wie Bayern – einen immensen landschaftlichen Reichtum: den Großen Kaukasus, das insgesamt 1100 Kilometer lange Hochgebirge mit seinen acht Fünftausendern, den Kleinen Kaukasus mit niedrigeren Gipfeln, das Schwarze Meer, Flüsse, Seen, viel unberührte Landschaft, sogar eine Steppenlandschaft im Osten, im Westen mediterranes Klima mit weiten Teeplantagen, Mandarinen-Hainen – sowie viele orthodoxe Kirchen mit ihren einzigartigen Fresken. Und natürlich Vardzia! Außerdem gefällt mir eine Gesellschaft, deren Gesang – der georgische Polyphongesang – und deren Weinanbautradition von der UNESCO zum immateriellen Kulturgut der Menschheit ernannt wurden.

Die Georgier sind unverstellte, meist nette, sangesfreudige Menschen, die als besonders gastfreundlich gelten; ich durfte an so manch üppig gedeckter Tafel sitzen. Trotzdem habe ich den Eindruck, dass sich manche Georgier mittlerweile ein bisschen zurückziehen, vielleicht wurde die Gastfreundschaft etwas überstrapaziert. Kein Wunder, kommen doch mittlerweile viele Besucher nach Georgien. Hauptsächlich Russen, für die Georgien immer noch so etwas wie das Italien der einstigen Sowjetunion ist. Aber auch mehr und mehr Westeuropäer besuchen das Land, nicht nur das Bildungsbürgertum, das sich an den Ikonen und Fresken der Kirchen und Klöster ergötzt, oder Familien, die sich am Schwarzen Meer tummeln, oder Rucksackreisende, die sich einen Eindruck von Land und Leuten verschaffen wollen, oder Wanderer und Bergsteiger, die die Kaukasus-Gipfel erklimmen wollen. Nein, Tiflis mit dem Club Bassiani, dessen Tanzfläche ein ehemaliges Schwimmbecken mit olympischen Ausmaßen ist und unter dem Fußballstadion des Spitzenfußballclubs »Dinamo Tbilissi« liegt, mutiert zum neuen Mekka der Techno Szene. Der Tourismus ist inzwischen wohl der Wirtschaftszweig Georgiens, der am meisten prosperiert.

Dieses Buch ist kein Reiseführer, es ist eine Sammlung persönlicher Erlebnisse, Eindrücke, Anekdoten aus einem wunderbaren Land. Die Kapitel sind nicht chronologisch angeordnet. Sie beginnen zwar mit der ersten Reise, springen dann aber auch hin und her. Denn die erlebten Situationen sind es, die die Reihenfolge festlegen. Darum ist in den Kapiteln auch manchmal von »wir« die Rede, wenn ich die Erlebnisse mit Bettina, meiner mitreisenden Freundin geteilt habe. Was ich während der zweiten Reise erleben durfte, erkennen Sie an den Kapiteln, in denen ich aus der »Ich-Perspektive« schreibe.

Vielleicht noch eine Bemerkung zum Namen der georgischen Hauptstadt, die auf Georgisch »Tbilissi« oder »Tbilisi« heißt. Auf deutsch sagen wir Tiflis, wahrscheinlich deshalb, weil bereits deutsche Kartographen im 13. Jahrhundert die Stadt »Tiflis« nannten. Ich hielt Tiflis immer für den deutschen Namen, bis mir jemand sagte, dass »Tiflis« bis 1936 auch der offizielle russische Name der Stadt war. »Tiflis« statt »Tbilissi« hat sich außer im Deutschen, noch im Türkischen, Griechischen und Persischen gehalten.

Georgien strebt Richtung Europa. Das Land will sich lösen von seinem strengen, alten Mütterchen Russland, das es so gerne gängelt. Im europäischen Vergleich ist Georgien ein armes Land, das bis jetzt mit den Folgen der Sowjetherrschaft und deren Zerfall zu kämpfen hat. Dabei möchte Georgien modern sein. EU-Flaggen sind viele zu sehen. Ob den Georgiern bewusst ist, wie viele Regeln und Reglementierungen die EU in ihr eher regelloses Leben bringen würde?

Iris Lemanczyk

Kapitel 1

Der geschäftstüchtige Giorgi

Nichts wollten wir dem Zufall überlassen, dafür landeten wir zu spät in Tiflis: 23 Uhr ist keine gute Uhrzeit, um vom Flughafen in die Stadt zu fahren und sich eine Unterkunft zu suchen. Darum hatten wir bereits von Deutschland aus eine Unterkunft gebucht, mitsamt Transfer vom Flughafen in die Stadt. Wunderbar.

Entspannt schauen wir beim Landeanflug auf die Lichter von Tiflis. Entspannt gehen wir durch die Passkontrolle. Entspannt stehen wir am Gepäckband, unsere Rucksäcke sind unter den ersten Gepäckstücken. Gespannt gehen wir zum Ausgang, lesen im Vorbeigehen die Namen auf DIN-A4-Blättern, die hochgehalten werden. Bei jedem Blatt hoffen wir unsere Namen zu entdecken. Leider Fehlanzeige.

Aber, kein Problem, denn Giorgi will uns an der Information treffen. Doch dort hält uns auch keiner ein Blatt mit unseren Namen entgegen. Zur Sicherheit gehe ich noch einmal zu den zettelhaltenden Wartenden am Ausgang. Vielleicht haben wir das Blatt mit unseren Namen einfach übersehen?

Während ich noch einmal alle Namensschilder inspiziere, hat Bettina, meine Mitreisende, einen dunkelhaarigen, nicht allzu großen Mittvierziger entdeckt.

»Giorgi?«, frage ich zur Sicherheit, als ich mich zu ihnen geselle.

Der Mann nickt. »Giorgi, yes.«

Giorgi hat Unterstützung mitgebracht, einen Freund oder Verwandten. Jeder von ihnen schnappt einen unserer Rucksäcke und trägt ihn zu einem verbeulten Nissan.

»Good car«, sagt Giorgi mit viel Überzeugung in der tiefen Stimme, während er den Kofferraum öffnet. Wir nicken in die Dunkelheit hinein und setzen uns auf die Rückbank. Irgendetwas an diesem Auto ist anders. Irgendwas ist ungewohnt oder stimmt nicht. Als Giorgi losfährt bemerke ich es endlich: Fahrersitz und Lenkrad sind auf der falschen Seite. Nicht links, wie bei uns, sondern rechts, obwohl in Georgien – wie bei uns – Rechtsverkehr herrscht.

»No problem«, lautet Giorgis Reaktion auf unsere Entdeckung. Jetzt, im mitternächtlichen Verkehr, scheint die falsche Seite tatsächlich kein Problem zu sein. Bisher war Giorgis Begleitung stumm. Ich dachte, er spräche kein Englisch. Doch nun erklärt er: »Die Autos, die das Lenkrad auf der rechten Seite haben werden meistens aus Japan importiert. Sie sind beinahe um die Hälfte günstiger als Autos, die das Lenkrad auf der linken Seite haben.«

Giorgi ergänzt pragmatisch: »Links oder rechts. Egal!«

»Aber das wird jetzt alles anders«, beginnt der Freund nun zu schimpfen. »Die Regierung hat die Einfuhrsteuer auf alle Fahrzeuge mit dem Lenkrad rechts verdreifacht. Sie wollen die Verkehrssicherheit erhöhen.«

Giorgi wiederholt grinsend: »Links oder rechts. Egal!«

Gleich darauf hält unser Fahrer am Europaplatz und zeigt uns die Lichter seiner Stadt. Neben uns, etwas erhöht, die Metekhi-Kirche. Hinter uns, auf dem Elias Berg, ist die riesige Sameba-Kathedrale mit ihrer goldenen Kuppel angestrahlt. Ein prunkvolles Ungetüm. Die im Jahr 2004 neu errichtete Trinitätskirche ist hauptsächlich vom georgischen Milliardär und ehemaligen Premierminister Bidsina Iwanischwili finanziert worden – und von den Georgiern.

»Auch ich habe gespendet, was ich konnte«, sagt Giorgi mit einem gönnerhaften Lächeln. »Die Sameba-Kathedrale ist eine der größten orthodoxen Kirchen der Welt. Sie wacht über unsere Stadt.« Stolz schwingt in Giorgis Stimme. Vor uns der Mtkvari, der längste Fluss des Landes, von der blau beleuchteten, sehr modernen Friedensbrücke überspannt. »Always Ultra«, meint Giorgi und deutet auf die Brücke. »Always Ultra so nennen wir die Friedensbrücke scherzhaft.«

»Wie die Damenbinde?«

Giorgi nickt und ich muss gestehen, dass dies die Architektur der Brücke auf den Punkt bringt. Auf dem Berg über dem Mtkvari leuchten die Festung Narikala und die Georgskirche. Weiter rechts ist eine überdimensionale Statue angeleuchtet: eine Frau, die ein Schwert in der Hand hält und auf die Stadt hinabschaut.

»Kartlis Deda«, sagt Giorgi, als ich mit der Hand in Richtung Denkmal deute. »Kartlis Deda – Mama Georgia.«

»Warum hält sie ein Schwert?«

»Mama Georgia ist bereit unser Land zu verteidigen, wenn es sein muss mit dem Schwert«, sagt Giorgi. »In der anderen Hand hält sie übrigens eine Schale mit Wein. Sie soll unsere Gastfreundschaft symbolisieren. Feinden begegnet sie mit dem Schwert, Gäste begrüßt sie mit Wein.« Mutter Georgien ist für Freund und Feind gerüstet.

Giorgi deutet auf das Bäderviertel, das am Fuße des Berges liegt. »Ihr müsst ins Schwefelbad. Unbedingt. – Und in den Botanischen Garten.« Und und und... Giorgi erwacht zum Stadtführer. Tiflis ist eine Nachtschönheit. Unsere Neugier und Vorfreude auf die nächsten Tage ist geweckt.

Kurz darauf klingelt Giorgis Handy. Es ist unmöglich, nicht hinzuhören, denn Giorgi spricht sehr laut auf Englisch. Doch, er sei am Flughafen gewesen – ruft er in den Hörer – er fahre gerade vom Flughafen zurück. Sie sollen eben ein Taxi nehmen. Wir sind zu müde, um uns zu wundern.

Wach werden wir allerdings, als Giorgi den Nissan durch die winzige Hofeinfahrt quetscht. Mehr als zwei Finger passen nicht zwischen Auto und Einfahrt. Hellwach werden wir, als uns Giorgi unser Zimmer zeigt. Das erste, das wir wahrnehmen ist der stechende Geruch. Es riecht nach purem Gift, der Holzboden glänzt. Stolz erklärt Giorgi, dass der Boden frisch eingelassen sei. Das Zimmer sieht auch überhaupt nicht so aus wie im Internet. »Giorgi, wir haben ein anderes Zimmer gebucht!«

Giorgi schüttelt den Kopf. »This is your room.«

»Giorgi, können wir bitte ein anderes Zimmer haben?«

Giorgi schüttelt den Kopf und meint energisch. »House is full.«

Wohl oder übel müssen wir die Nacht in diesem Zimmer verbringen, dessen Betten so durchgelegen sind, dass ich es vorziehe, die Matratze auf den Boden zu legen. Dummerweise bin ich so dem Holzboden mit seinen giftigen Ausdünstungen noch näher. Irgendwie überstehen wir diese Nacht. Am Morgen suchen wir den

Frühstücksraum. Doch Giorgis Reich scheint aus lauter in sich verschachtelten und zusammengebauten Einzelteilen zu bestehen, sodass wir hilflos im Hof stehenblieben. Wir sehen einen alten Mann, der auf einer Bank sitzt und raucht, aber er versteht nicht, holt seine Frau. Auch sie versteht kein Englisch und schickt uns in den Innenhof der Nachbarin, die uns einen Fußweg von etwa zehn Minuten skizziert. So lange dauert es letztendlich auch, bis uns jemand in Giorgis Reich schickt: eine steile Treppe hoch in ein Zimmer mit großem Tisch und großem Fernseher.

»Welcome«, sagt eine Frau in geblümter Hose und hellbrauner Stoffhose, sie fordert uns auf Platz zu nehmen. »Coffee? Tea?«

Gleich darauf bekommen wir unser erstes georgisches Frühstück serviert mit Schafskäse, Wurst, Honig, Gebäck, Eiern, Bratkartoffeln, Würstchen, mit Gurken und Tomaten. Die besten Gurken und Tomaten, die ich jemals gegessen habe. Ein Traum, der die schreckliche Nacht fast vergessen macht.

Wir fragen nach Giorgi. – Ihr Mann sei unterwegs.

»Bezahlt haben wir ja bereits über booking.com«, sagen wir beiläufig, als wir uns nach dem herzhaften Frühstück verabschieden wollen.

»Wir sind nicht bei booking.com«, meint unsere Gastgeberin. »Und bezahlt habt ihr auch noch nicht.«

»Bitte?« Wir nennen den Namen des kleinen Hotels, das wir gebucht haben.

»Das sind wir nicht«, bekommen wir zur Antwort.

Völlig verwirrt zeigen wir unsere Buchungsbestätigung. Unsere Gastgeberin schüttelt den Kopf und nennt uns einen völlig anderen Namen.

»Aber Giorgi … wir haben doch mit Giorgi ausgemacht, dass er uns abholt«, entgegnen wir völlig durcheinander.

»Aber nicht mit meinem Giorgi«, meint unsere Gastgeberin, dann beginnt sie zu lachen. »Jeder Zweite heißt in Georgien Giorgi. Da kann so eine Verwechslung schon mal passieren.«

Wir lachen auch, aber etwas verhalten. Denn so langsam dämmert uns: Wir sind mit dem falschen Giorgi mitgegangen. Sicherlich dachte Giorgi gestern am Flughafen noch, dass er die richtigen Gäste abholt. Aber spätestens als er den Anruf bekam, musste ihm klar gewesen sein, dass er die Falschen ins Auto gepackt hatte. Doch der geschäftstüchtige Giorgi dachte wohl: Wunderbar… ich habe ja noch ein Zimmer mit frisch eingelassenem Holzboden frei.

Auf gute Geschäfte Giorgi! Welcome to Georgia.

Kapitel 2

In der Badestube

Es regnet. Ideal um Giorgis Tipp nachzugehen und ein Schwefelbad im Stadtteil Abonotubani, dem Bäderviertel, aufzusuchen. Es heißt, Tiflis – oder Tbilissi – verdanke seine Gründung den Quellen, denn »tbili« bedeutet so viel wie warm. Warme Quellen. Weiter heißt es, dass es im 13. Jahrhundert bis zu 65 Schwefelbäder in der Stadt gegeben haben soll. Eine schwer vorstellbare Menge.

Erhalten sind nur wenige Bäder im Bäderviertel, die ihr eisen- und schwefelhaltiges Wasser bis heute aus dem Berg Mtabori erhalten.

Vor der engen Feigenbaumschlucht mit dem Wasserfall liegt Abonotubani. Der Geruch von faulen Eiern hängt penetrant in der Luft. Schwefelwasserstoff riecht halt nicht besser. Wie Bienenwaben liegen die Bäder vor uns, wir sehen nicht viel mehr als die Eingänge und die Lichtkuppeln. Denn die Baderäume liegen unter der Erde, so bleibt der Wasserdruck stabil. Wir entscheiden uns gegen ein öffentliches Bad mit gemeinschaftlichem Eintauchen, stattdessen für eine private, separate Badestube – mitsamt Badelatschen, Handtüchern, Kräutertee und Seifenbürstenmassage.

Draußen prasselt der Regen, drinnen ist die Luftfeuchtigkeit ähnlich hoch. Der Mann hinter der Theke drückt uns Handtücher in die Hand, deutet auf die Tür mit der Nummer zwei. Dahinter wartet unser Badevergnügen. In einem Vorraum mit allgegenwärtigen weißen Plastikstühlen, Tisch und Haken an den weiß gefliesten Wänden verstauen wir unsere Kleidung. Die Luftfeuchtigkeit lässt uns schwerer atmen. Auch hier wabert eine unverkennbare Brise fauler Eier durch die Luft.

Wir kichern nervös und betreten den nächsten Raum, der in grau-weißem Marmor gehalten ist. Vor uns ist ein Wasserbecken mit heißem Schwefelwasser, daneben eine altersschwache, aber noch funktionierende Dusche und weiter links eine steinerne Massageliege. Ein Ensemble mit antiquiertem Charme. Ein Ensemble ganz für uns.

Noch bevor wir ins Wasser tauchen, klopft es – der frisch gebrühte Kräutertee wird auf den Tisch gestellt. Die Hitze des 47 Grad heißen Badewassers lässt uns laut und stoßweise ausatmen. Es kostet Überwindung, sich langsam in dem Becken niederzulassen. Der Herzschlag beschleunigt. Schon nach zwei, drei Minuten setze ich mich wieder an den Beckenrand. Puh, durchatmen. Aber nur kurz, denn das Schwefelwasser lockt trotz seiner beachtlichen Wärme. Wir wechseln zwischen Wasser und Beckenrand, dazwischen schlürfen wir Kräutertee. Es ist leicht, sich vorzustellen, dass man hier früher nicht nur entspannte und den Körper reinigte, sondern auch Klatsch und Tratsch austauschte und Geschäfte einfädelte.

Wir genießen den Luxus unserer zwei Privaträume, wenn es auch eher Kammern sind. Aber eben Privatsphäre. Privatsphäre ist in den öffentlichen Bädern ein Fremdwort und war es all die Jahrhunderte. Da wurde geschaut und verglichen, man betrachtete Vorzüge und Mängel, natürlich Männlein und Weiblein getrennt. Dienstag und Mittwoch waren Frauenbadetage, angeblich durften sich Männer auf Schussweite nicht nähern. Trotzdem waren die Bäder ein ausgezeichneter Ort, um nach Schönheiten und potenziellen Bräuten Ausschau zu halten. Das war allerdings die Aufgabe meist älterer Frauen, die sich in den Bädern tummelten, vielleicht Masseurinnen, die während ihrer Arbeit die Damenwelt genau inspizierten. Gegen einen Obolus gaben sie den Herren der Schöpfung den einen oder anderen Hinweis über die Attraktivität der jungen Frauen. Sehr diskret, versteht sich.

Wir sind noch in Gedanken bei den Frauen, die sich fürs Hinschauen und Ausplaudern bezahlen ließen, als es klopft. Eine resolute Endfünfzigerin in feuchtem Unterrock und feuchtem Hemdchen stapft auf quietschenden Plastiksohlen zu uns. Die kurzen, nach hinten gekämmten Haare, kleben am Kopf. Ihre Hand umschließt den Henkel eines Plastikeimers. Eine Hand, die zupacken kann. Die Frau fackelt nicht lange. Warum auch? Für Floskeln und Höflichkeiten gibt es eh keine gemeinsame Sprache. Dafür holt sie Shampoo und Seife aus dem Eimer und deutet mir, ich solle mich auf die steinerne Liege legen. Ich gehorche. Habe mich noch nicht an die harte Unterlage gewöhnt, da wird bereits ein Eimer Schwefelwasser über mich geschüttet. Die Masseurin beginnt mit ihrer Arbeit. Sie seift mir die Füße und Beine ein und schrubbt mit einem rauen Handschuh Hautschicht um Hautschicht weg. Ich bemühe mich, locker zu bleiben und schließe die Augen. Schon kommt wieder ein Schwall aus dem Eimer. Die Frau sagt etwas, weil ich sie nicht verstehe öffne ich die Augen. Sie macht eine Kopfbewegung, die »umdrehen« bedeuten soll. Ich gehorche und das Einseifen beginnt von neuem. Es dauert eine Weile, bis ich mich der Massage hingeben kann. Ich werde komplett eingeseift und mit verschiedenen Handschuhen abgerubbelt. Die dabei entstehenden braunen Hautröllchen werden mit Wasser aus dem Schwefelwasserbecken weggespült. Die Massage ist so robust wie die Masseurin. Robust, aber schön. Entspannend ist sie nicht, aber ich habe das Gefühl, dass ich noch nie so sauber war. Hinsetzen. Bitte noch nicht aufhören, denke ich, hoffe ich. Die Frau wäscht mir die Haare, massiert die Kopfhaut, spült das Shampoo weg, wäscht noch einmal. Wann wurden mir das letzte Mal die Haare gewaschen? Bitte nicht aufhören, flehe ich stumm ein weiteres Mal. Doch dieses Mal hat die Frau kein Einsehen: Ich soll unter die Dusche und dann nochmal kurz ins Schwefelbad. Währenddessen liegt Bettina schon auf der steinernen Massageliege.

Danach sitzen wir im dunstigen Vorraum und trinken Tee. Völlig erledigt, sind wir zu nichts anderem fähig. Liegt es am Wasser, an der Temperatur, an der Massage – oder an einer Kombination aus allem? Auf erneutes Klopfen reagieren wir nicht. Nach einer Weile erscheint ein Frauenkopf im Türspalt. Die Zeit sei um, wir sollen uns anziehen, sagt sie. Wir nicken apathisch. Mühsam erheben wir uns von den Plastikstühlen. Es ist mühsam, sich bei der feuchten Hitze anzuziehen, alles ist mühsam. Wir schaffen es gerade bis vor die Tür. Einladend stehen dort zwei bequeme Sessel, in die plumpsen wir sofort, schlürfen weiter Tee und warten, bis unsere Kräfte zurückkommen.

»Nicht in Russland, nicht bei den Türken, fand ich köstlicheres als Tbilissis' Bäder«, soll der Dichter Alexander Puschkin über Abonotubani geschrieben haben. Seine Worte zieren sogar den Eingang des Orbeliani-Bads. Es heißt, sein »Badeknecht« sei ein Tatar ohne Nase gewesen, der ihn ordentlich geschrubbt und geknetet habe. Vielleicht hing Puschkin nach dem Bad genauso apathisch in den Seilen wie wir jetzt. Vielleicht war er nach dem Bad auch etwas benebelt, denn er behauptete, dass während seines Bades gerade Damentag gewesen sei, die Damen sich durch sein Erscheinen aber gar nicht verunsichern ließen. »Ich kam mir vor, als trüge ich eine Tarnkappe«, soll er gesagt oder geschrieben haben. Ob dies dichterisches Wunschdenken war?

Wir fläzen immer noch in den Sesseln, sind immer noch nicht fähig aufzustehen. Stattdessen beobachten wir das Kommen und Gehen der Gäste, das zögerliche Verschwinden hinter Türen, das anfangs unsichere Kichern oder Lachen, das durch die Türen dringt. Der grauhaarige Herr an der Kasse nickt uns freundlich zu. Nachdem er die nächsten Badegäste abkassiert hat, gesellt er sich zu uns.

»Holland?«, fragt er.

Wir schütteln den Kopf.

»Switzerland? Russki?«

Wir schütteln den Kopf und spielen sein Spiel mit, wohlwissend, dass er unsere Nationalität längst erraten hat. Er nimmt sich eine Cola aus dem Getränkeautomaten und beginnt in brüchigem Englisch zu erzählen. Von den Persern, die 1795 Tiflis eroberten. Ihr Anführer, Schah Aga Mohammed Khan soll impotent gewesen sein und hoffte in den Bädern auf Heilung. Doch die Kraft der Wässer von Tiflis liegt in der Heilung von Knochenbeschwerden, Osteoporose etwa, eventuell helfen sie noch bei urologischen Problemen oder Ekzemen, aber nicht bei Impotenz. Jedenfalls nicht bei Schah Aga Mohammed Khan. Erzürnt darüber, dass das Schwefelbad nicht den erhofften Erfolg brachte, befahl er kurzerhand, die gesamte Stadt zu verwüsten. Sie brannte bis auf die Grundmauern nieder.

Der Kassierer der Badeanstalt nimmt das Eintrittsgeld der nächsten Kunden entgegen, reicht Handtücher und erzählt uns danach noch eine Geschichte. Von König Vakhtang Gorgasali, dem offiziellen Gründer der Stadt. Der König war auf der Jagd und soll einen Fasan geschossen haben. Vom Pfeil getroffen, fiel das Tier ins Wasser, genauer gesagt in eine Quelle. Der König eilte herbei, um seine Trophäe zu begutachten. Doch die Quelle war leer, denn das Wasser hatte die Wunde schon geheilt und der bereits genesene Fasan das Weite gesucht. – Später höre ich die Geschichte dann in der Version eines verwundeten Rehkitzes. – Jedenfalls soll Vakhtang mit dem Bau einer Festung begonnen haben. Sein Sohn Dachi beendete nicht nur den Bau, sondern verlegte die königliche Residenz auch von Mzcheta nach Tiflis. Allerdings zeugen archäologische Funde davon, dass schon im vierten Jahrtausend v. Chr. das Gebiet in und um Tiflis besiedelt war, auch eine Burg soll schon vor Vakhtangs Festung hier gestanden haben. Erbsenzählerei. Denn uns gefällt die Geschichte von der Gründung Tiflis', genau so, wie wir sie gerade erzählt bekommen haben.

Wir fühlen uns mittlerweile fit genug, um aufzustehen und verspüren Hunger, es muss ja nicht gerade Fasan oder Rehkitz sein. Draußen hat es aufgehört zu regnen, der Wind rauscht in den Bäumen. Nach all der Geschichte und den Geschichten wollen wir uns im Hier und Jetzt stärken, dort wo sich die jungen Menschen tummeln, wo es vor Inspiration und Schöpfergeist vibrieren soll: in der Fabrika, einem Kreativzentrum, dessen Fassade Street Art ziert, einem urbanen Hotspot. Um einen Hof reihen sich die Hallen der ehemaligen Textilfabrik, in denen Kneipen, Ateliers, Shops, Co-Working Spaces, Bars und ein Hostel eine Heimat gefunden haben. Ein Zufluchtsort für Kreative, digitale Nomaden und Touristen, die in Mehrbettzimmern oder Schlafräumen übernachten und in Gemeinschaftsbädern duschen, wo sich gelber Duschvorhang an gelben Duschvorhang reiht.

In der Sowjetzeit ratterten hier die Nähmaschinen, jetzt lümmeln Hipster und Backpacker aus aller Welt auf den gemütlichen Sofas in der riesengroßen Lobby mit meterhohen Sprossenfenstern. Eine junge Frau in weißem Regenmantel spielt am Flipperautomat. Im Innenhof finden sich Bars, Modeateliers, ein Skateboard Shop, Paletten als Sitzgelegenheiten, vor einem alten Lada lassen sich ein paar Touristen neben einer Pfütze fotografieren, im Plattenladen treffen sich die DJs der Stadt. Es gibt Konzerte, Yoga Sessions und hippes Interieur. Der Hunger nach Leben und Veränderung der Jugend ist hier zu spüren, das Grau der Sowjetzeit soll nicht nur durch bunte Fassaden entstaubt werden. Vor lauter Schauen vergessen wir beinahe, dass wir hungrig sind.

Kapitel 3

Im Buchklub

Wir wollen mit Zurab und Nathalie vom Goethe-Institut Essen gehen und holen sie ab. Das Goethe-Institut ist in einem alten, wunderbar renovierten Haus ansässig. Innen dominieren die Farben Weiß und Hellgrün, das Grün des Goethe-Instituts. Ein Innenhof lädt tagsüber zum Genießen der Frühlingssonne ein. Ein paar knarzende Stufen nach oben, einen schmalen Flur entlang, dann steht man in der Bibliothek des Goethe-Instituts. Zurabs Reich, er leitet die Bibliothek, managt Veranstaltungen und und und, außerdem hat er ein offenes Ohr und ein großes Herz für alle. In »seiner« Bibliothek findet heute der Buchklub statt. Buchklub mit k.

»Für alle, die sich wünschen, ihr bereits gutes Deutsch nicht einrosten zu lassen und weiterzuentwickeln. Für alle, die ihr literarisches Interesse gerne teilen und sich – auch kreativ – mit Themen der deutschen Gegenwartsliteratur auseinandersetzen möchten.« Damit wird auf der Website des Goethe-Instituts für den Buchklub geworben.

Drei Frauen mittleren Alters sitzen am Tisch der Bibliothek, blättern in Zeitschriften oder schauen einfach nur vor sich hin. Sie scheinen sich einen Augenblick zu erholen, vielleicht sind sie direkt von der Arbeit hierher gehetzt.

Nathalie, die derzeitige Praktikantin des Instituts, und die derzeitige Leiterin des Buchklubs, schaut kurz enttäuscht in die kleine Runde. »Wir haben den Termin verlegt«, sagt sie dann, »wahrscheinlich ist der Montagabend doch nicht so geeignet.« Sie lächelt ihre Enttäuschung weg und begrüßt die anwesenden Buchklubberinnen. Der Buchklub liest gerade »Die Taube« von Patrick Süskind, wobei jede daheim liest, im Buchklub wird dann darüber diskutiert.

»Als ihm die Sache mit der Taube widerfuhr, die seine Existenz von einem Tag zum anderen aus den Angeln hob, war Jonathan Noel schon über fünfzig Jahre alt, blickte auf eine wohl zwanzigjährige Zeitspanne von vollkommener Ereignislosigkeit zurück und hätte niemals mehr damit gerechnet, dass ihm überhaupt noch irgend etwas anderes Wesentliches würde widerfahren können als dereinst der Tod.« So beginnt Süskinds Buch.

»Jonathan wohnt in einem kleinen Zimmer in einer Mansarde und arbeitet als Wachmann in einer Bank«, berichtet uns Mari, eine der Buchklubberinnen über den Inhalt des Buches. »Alles muss bei ihm sein wie immer. Er liebt das Gleichförmige und lebt nach einem ganz genauen Tagesablauf. Jede Minute kennt er. Aber eines Tages kommt sein ganzes Leben durcheinander, weil eine Taube vor seiner Zimmertür sitzt.«

Mindestens genauso interessant wie Süskinds Taube, finden wir die Begeisterung der Frauen für die deutsche Sprache. Keine von ihnen war jemals in Deutschland, aber alle haben eine Bild davon. Mari hat Deutsch in der Schule gelernt, dann Germanistik studiert. Sie macht zwar heute beruflich etwas ganz anderes, möchte aber ihre Deutschkenntnisse pflegen, darum ist sie im Buchklub – und »weil ich mich generell für Literatur interessiere«.

»Es fällt mir leicht, auf Deutsch zu lesen«, bekräftigt auch Elene, eine adrette Mittvierzigerin im enganliegenden, grauen Kostüm und toupierter Frisur. »Nur… was heißt Clochard?« Elene spricht das Wort aus, wie man es schreibt. Nathalie erklärt, dass es französisch ist und »Obdachloser« bedeutet.

»Aber in Deutschland gibt es keine Obdachlose«, meint Dea, die dritte im Bunde, die eigentlich Medea heißt. »In so einem reichen Land muss es keine Obdachlosen geben. Hier in Georgien schon. Viele.«

»Doch, es gibt Obdachlose in Deutschland«, sagt die Praktikantin, die für einige Monate in Tiflis lebt.

»Aber warum?« Dea kann es sich nicht vorstellen.

Nathalie berichtet von Schicksalsschlägen, die Leute auch in Deutschland aus der Bahn werfen können.

»Aber sie können sich doch wieder Arbeit suchen. Es gibt doch

Arbeit in Deutschland.« Obdachlosigkeit lässt sich für Dea nicht mit ihren Vorstellungen und ihrem Bild von Deutschland verknüpfen.

»Manche schaffen es nicht, wieder zu arbeiten«, fährt Nathalie geduldig fort. »Es ist auch ein Teufelskreis: Wenn du keine Wohnung hast, bekommst du auch nur schwer eine Arbeit, ohne Arbeit kein Geld und keine Wohnung.«

»Aber, es gibt doch Hilfe vom Staat.« Dea will nicht glauben, was sie hört.

»Ja, aber nicht jeder nimmt die Hilfe an«, meint Nathalie.

»Aber wenn es die Hilfe doch gibt, warum dann nicht…« Die pragmatische Dea hat allergrößte Mühe, sich soziale Abstürze in einem Land wie Deutschland vorzustellen, einem Land, das ihr wie ein Paradies vorzukommen scheint.

»Würdet ihr sagen, Jonathan ist einsam?« Nathalie möchte wieder zum Buch zurückfinden.

»Er ist einsam, aber er mag es so«, meint Mari. Elene pflichtet ihr bei.

»Ich habe gelesen, dass auch der Autor sehr zurückgezogen lebt. Er gibt kaum Interviews, nimmt kaum Literaturpreise an. Es gibt also eine Verbindung zwischen Jonathan Noels und Patrick Süskinds Leben«, sagt Elene. »Jonathan Noel ist ein Antiheld, vielleicht ist das auch der Autor.«

Dea schaut auf die Uhr, steckt ihr Buch in die Handtasche und entschuldigt sich. »Ich muss pünktlich los. Leider. Es war sehr interessant, vielen Dank.«

Nathalie schaut ebenfalls zur Uhr. Die Stunde ist bereits um. Die Buchklubberinnen gehen nach Hause – Abendessen zubereiten, für die Familie da sein, den Haushalt erledigen. Und wir nehmen uns vor, möglichst schnell »Die Taube« von Patrick Süskind zu lesen.

Kapitel 4

Oh Tannenbaum!

Die Sonne wärmt jetzt im April schon mit Kraft. Völlig erledigt sitzen wir im Rike-Park, auf der linken Flussseite. Erledigt nicht von den sommerlichen Temperaturen, sondern aufgrund unserer Eindrücke vom Bummel durch die Altstadt von Tiflis. So viel Verfall! So viel Vernachlässigung! Verwitternde, einst prachtvolle Jugendstil-Häuser, manche mit hellrosafarbenem, ockergelben oder pistazienfarbenem Verputz, von Stahlpfeilern gehaltene, aber herrlich verzierte Balkone, manchmal müssen sogar ganze Hauswände gestützt werden. Es scheint, als würden die Weinranken manch windschiefe Treppe zusammenhalten. Wohnt da überhaupt noch jemand? Einstürzende Mauern, frei hängende Kabel, bröckelnder Putz, zerfallene Fensterrahmen ohne Glas, Risse gehen durch Fassaden. Der größte Teil dieser einst herrlichen Häuser ist wahrscheinlich nicht mehr zu retten.

Das Grundwasser ist eines der Hauptprobleme für die heruntergekommenen Häuser: Es fließt den Berg hinunter und bleibt in den Kellern der Häuser stehen, greift dort das Mauerwerk an und weicht die Fundamente auf. Früher floss das Wasser weiter zum Fluss, doch in der Sowjetzeit hat man den Fluss in ein Bett aus Beton eingemauert, danach konnte es nicht mehr problemlos abfließen, stattdessen staute es sich in den Kellern. Das Trockenlegen der Mauern würde Unsummen verschlingen. Viel Zeit bleibt nicht mehr, um das Architekturerbe sachgerecht zu renovieren.

Mit einer dicken rosaroten Brille kann man von marodem Liebreiz schwärmen: Ruinen einer früheren Zeit, die damals zweifellos über sehr viel Charme verfügten. Die Altstadt muss wunderschön gewesen sein, doch die Restaurierung der Gebäude scheint auf halber Strecke steckengeblieben zu sein. Ein renoviertes Juwel dagegen ist die Jumah Moschee, die einzige Moschee von Tiflis. Früher gab es zwei Moscheen, eine für Moslems, die der sunnitischen Glaubensrichtung nachgehen, eine für Schiiten. In der Sowjetzeit musste die Blaue Moschee der Schiiten baulichen Maßnahmen weichen. Die Schiiten fanden Aufnahme bei den Sunniten in der Jumah Moschee. Welch eine Geste! In anderen Ländern bekriegen sich die Glaubensrichtungen, in Tiflis beteten sie nur durch einen Vorhang getrennt. Sogar diese Trennung fiel mit der Zeit weg, sodass Sunniten und Schiiten heute gemeinsam beten.

Nicht nur die Moschee ist renoviert, es gibt auch ganze Straßenzüge mit restaurierten Häusern, in denen man voll auf Tourismus setzt: Eine schicke Espressobar neben einer Vinothek und einem Whiskyladen, gleich daneben eine Pizzeria, Restaurants, Souvenirshops und ein Thaimassage-Salon. Bässe wummern, Menschenmassen schieben sich durch die Gassen.

Schon mehrfach sind uns diese weiß-orangefarbenen, schulterhohen, viereckigen Maschinen aufgefallen, die an beinahe jeder Straßenecke stehen.

»Was ist das für ein Ding?«, frage ich eine junge Frau spontan, die gerade Zahlenkombinationen eingetippt hatte.

»Oh, ich weiß nicht, wie dies heißt: Paybox vielleicht?«, meint sie mit freundlichem Lächeln. »Man kann viel mehr damit machen, als nur überweisen: Ich habe gerade mein Handy aufgeladen, man kann Handyspiele runterladen, Strom- und Gasrechnungen bezahlen, Geld überweisen, Bus- und sogar Flugtickets kaufen.«

»Ein Alleskönner, eine richtige Wundermaschine«, entgegne ich.

»Ja, eine Wundermaschine«, bestätigt sie begeistert.

Wir überlegen, ob wir dem Zoo einen Besuch abstatten sollen, entscheiden uns aber dagegen, nicht nur weil wir müde sind. Eigentlich interessiert uns die Geschichte des Zoos deutlich mehr als seine Gegenwart. Genauer gesagt, die eine Geschichte. Nach den wahrscheinlich schwersten Unwettern mit heftigen Regenfällen im Juni 2015 war Tiflis in kurzer Zeit überflutet, der Zoo weitgehend zerstört.

Viele Tiere ertranken, andere entkamen und streunten durch die Straßen der Stadt. Es herrschte Chaos: Bären, Nashörner, Schakale, Tiger und zwei Flusspferde waren in Tiflis auf der Suche nach Futter unterwegs. In einem Lagerhaus hatte sich ein Tiger versteckt oder in Sicherheit gebracht – und dabei einen Mann getötet. Es dauerte Tage, bis alle Tiere eingefangen werden konnten, nicht alle – auch nicht der Tiger – überlebten den Streifzug durch die Stadt. Das Flusspferd »Begi« überlebte allerdings, gemächlich trottete es über den Heldenplatz, bis es betäubt und mit sanfter Gewalt zurück zum Zoo gebracht wurde.

Statt im Zoo, sitzen wir auf den Stufen eines kleinen Amphitheaters im Rike-Park. Wie gekrümmte Makkaronis oder überdimensionale Lüftungsröhren glitzern nicht weit von uns die Ausstellungshalle und das Musiktheater in der Sonne. Interessante, futuristische Architektur. Oder Bauruinen. Denn bei diesen auch spöttisch betitelten »Abflussröhren« fehlt der Innenausbau. Sie stehen leer, die 40 Millionen Euro teure Glas-Stahlhülle verdreckt und zersplittert. Beauftragt wurde der Bau von Micheil Saakaschwili, dem ehemaligen Präsidenten (2004-2013). Dessen Nachfolger, Giorgi Margwelaschwili, mochte die wurmartigen Gebilde nicht, oder mochte nicht, dass sie von Saakaschwili initiiert wurden. Jedenfalls wurden sie nie fertiggestellt. 40 Millionen Euro – was hätte man dafür in einem Land machen können, in dem es der Wirtschaft immer noch nicht gut geht, die Arbeitslosigkeit hoch und das Verhältnis zum mächtigen Nachbarn Russland gerade wieder angespannt ist. Aber vielleicht war der Bau ein Zeichen der Moderne gen Westen, gen Europa, zu dem Georgien so gerne gehören würde. Oder war es doch nur das Bedürfnis eines Mächtigen, sich im eigenen Bauwerk zu verewigen? Oder wollte Saakaschwili moderne Bauten mit hohem Wiedererkennungswert errichten, um Investoren ins Land zu locken?

Immerhin wird der Rike-Park genutzt: Ein alter Mann mit Schnauzer im grauen, abgewetzten Sakko spielt gegen einen jungen Mann in T-Shirt und Jeans Schach. Passanten bleiben stehen, schauen eine Weile zu, fachsimpeln mit den Spielern. Liebespaare sitzen knutschend auf Bänken. Auf einem blau-beigefarbenen Tartanplatz üben

Kinder Inliner fahren, während ihre Mütter auf Holzbänken sitzend zuschauen, loben, wenn Töchterchen eine Runde geschafft hat oder trösten, wenn der Filius mehr auf dem Boden liegt, als er auf den schmalen Rädchen vorankommt. Vor der Seilbahn, die zur Festung Narikala führt, bildet sich eine Warteschlange.

Auf der kleinen Bühne des Amphitheaters packt ein Jugendlicher seine Gitarre aus und beginnt traurige Weisen zu spielen. Schnell gesellen sich drei Mädchen zu ihm, sitzen in der ersten Reihe, spielen mit ihren geglätteten Haaren und schmachten den Gitarristen an.

Neben uns setzt sich ein Paar mittleren Alters, irgendwann kommen wir ins Gespräch. Sie stellen sich als Khatia und Sandro vor, die noch etwas entspannen wollen, bevor ihre Schicht beginnt. Mit Blick auf die Röhren frage ich sie nach Saakaschwili, der nach seiner Präsidentschaft vor den Nachstellungen der Justiz ins Ausland geflohen ist. »War nicht alles schlecht«, meint Khatia. »Er hat die Korruption beendet. Früher gab es keine Fahrt über Land, auf der man nicht von Polizisten zur Kasse gebeten wurde. Ohne Grund. Einfach so. Das ist vorbei. Er hat alle Polizisten, die gesamte Polizei, entlassen und nach einer Schulung neue eingestellt. Und er hat Service Center eingeführt. Vom Pass bis zur Genehmigung kann ich da alles erledigen, vieles sogar online, schnell und ohne Schmiergeld. – Aber die 40 Millionen…« Khatia seufzt.

Beide arbeiten in einem der Restaurants in der Altstadt. Khatia in der Küche, Sandro im Service. »Arbeit ist ok, Hauptsache Arbeit«, sagt Sandro in schwerfälligem Englisch, für das er sich gleich mehrfach entschuldigt. »Wo wir herkommen gibt es keine Arbeit, nur im September, dann klettern wir auf Bäume.«

»Auf Bäume?« Ich bin mir nicht sicher, ob ich richtig verstanden habe.

Khatia nickt: »Bäume!«

Die beiden kommen aus einem winzigen Dorf in der Region Ratscha, das am Rand eines großen Waldes liegt, 200 Kilometer nordwestlich von Tiflis, im Südkaukasus, aber aus einer anderen Welt. Ratscha ist noch nicht touristisch erschlossen, im Gegensatz zum benachbarten Swanetien, das von vielen Wandergruppen besucht wird. Ratscha ist eine der ärmsten Regionen Georgiens.

»Alle jungen Leute gehen. Aber dort ist es wunderschön: Wälder, Seen, Weinberge, hohe Berge.« In Sandros Stimme schwingt Heimweh mit. »Und hohe Bäume mit Girci.«

Girci? Sandro zeigt uns das Übersetzungsprogramm seines Handys: Girci sind Tannenzapfen. »Girci wachsen auf Bäumen. Im September sind Girci besonders gut. Wir gehen in den Wald, schlafen im Zelt, kochen auf dem Feuer. Drei Wochen lang. Ich klettere auf Bäume. Hoch, hoch, 40 Meter, immer nahe am Stamm, von Ast zu Ast. Baum schwankt. Einmal bin ich runtergefallen, habe ein, zwei Rippen gebrochen. Aber meistens geht es gut. Dann werfe ich Girci auf den Boden. Khatia sammelt sie ein. Dann verkaufen wir Girci.«

Tannenzapfen von hohen Bäumen ernten und dann verkaufen? Wofür? Für wen?

»Weiß nicht«, meint Sandro nur. »Vielleicht Kosmetik?«

Unwillkürlich schaue ich auf seine Hände: große Hände, die schnell und sicher nach Ästen greifen können, problemlos fünf Tannenzapfen auf einmal packen können. Überhaupt macht Sandro einen dynamischen, sportlichen Eindruck, sicherlich ist er schon als Junge auf Bäume geklettert. Wahrscheinlich ist auch die schmale, drahtige Khatia eine ausgezeichnete Baumkletterin. Ihre Hände sind rot und übersät mit Schnitten, die von der harten Küchenarbeit zeugen.

»Sind Girci besser bezahlt als die Arbeit im Restaurant?«, frage ich.

»Viel, viel, viel besser«, antwortet Khatia und Sandro nickt. »Drei Wochen im Wald bringt so viel wie drei, vier Monate in Restaurant.«

Die zwei müssen los, ihre Schicht beginnt demnächst – sie lassen uns mit vielen Fragen zurück.

Erste Antworten führen uns in deutsche Wohnzimmer zur Weihnachtszeit, wenn der Christbaum seine volle Pracht entfaltet. Im Laufe des 19. Jahrhunderts kam der Christbaum in deutschen Wohnstuben schwer in Mode. Anfangs war es die heimische Weißtanne mit ihrem oftmals sehr kümmerlichen Nadelkleid, die als Weihnachtsbaum herhalten musste, oder die Fichte, die bereits am zweiten Weihnachtsfeiertag nadelte. Manche schwören auf die Douglasie, allerdings biegen sich ihre dünnen Ästchen schon unter ein paar Streifen Lametta, sodass auch sie als Weihnachtsbaum keine allzu gute Figur macht.

Die Blaufichte pikst fürchterlich. Zum Glück gibt es noch die Nordmanntanne: Abies nordmannia, dunkelgrüne, seidig glänzende, nicht stechende, dafür duftende Nadeln. Die Nordmanntanne ist von schönem, da bauchigem Wuchs, ihre Zweige sind wie in Stockwerken angeordnet, was den Baumschmückern gefällt und sie hält es lange in gut geheizten Wohnzimmern aus, ohne die Nadeln zu verlieren. Die Nordmanntanne ist der perfekte Christbaum! Der mit Abstand beliebteste Weihnachtsbaum der Deutschen.

Nordmanntanne, das klingt nach Kälte, nach Skandinavien, nach redlichem Tun, nach Klarheit und irgendwie nach Weihnachten. Keine Werbeagentur hätte sich einen besseren Namen ausdenken können. Tatsächlich stammt er jedoch von Alexander Davidowitsch von Nordmann, einem finnischen Botaniker, Zoologen und Paläontologen (1803-1866). Von Nordmann war ein Kosmopolit, der unter anderem in Berlin studierte, der von der Schönheit der Natur begeistert durch den Harz, Brandenburg und Helgoland streifte. Seinen Lebensunterhalt verdiente er durch das Zeichnen von Pflanzen und Tieren zur Illustration wissenschaftlicher Werke.

Nach seiner Promotion bekam er eine Stelle in Odessa, am damals bekannten Lyzeum Richelieu, später wurde er Konservator am dortigen botanischen Garten und gründete eine Hochschule für Gartenbau mit einer Abteilung für Seidenzucht in der Hafenstadt am Schwarzen Meer. Während seiner Zeit in Odessa unternahm er ausgedehnte Reisen auf die Krim, ans Donaudelta und an die Schwarzmeerküste. Bis ins georgische Borjomi verschlug es von Nordmann. In den ausgedehnten Wäldern um den Kurort stand er plötzlich vor ihr, sah diese gerade gewachsene, große, wunderschöne Tanne, die später seinen Namen erhielt.

Lange interessierte die Nordmanntanne nur Botaniker, ihre »Gircis« waren so wertlos wie die Tannennadeln, bis der Baum fürs deutsche Weihnachtsfest entdeckt wurde. Wie soll der Baum, der hauptsächlich in Georgien wächst in deutsche Wohnzimmer gelangen? Der Transport ist weit und teuer. Aber die Samen sind da, sie wachsen auf den Bäumen, in den Tannenzapfen. Girci.

Jetzt kommen Sandro, Khatia, Irakli, Giorgi, Valicko und wie die Pflücker alle heißen ins Spiel, die, wenn im September die Zapfen schon leicht braun, aber die Samen noch nicht ausgefallen sind, auf den Waldlichtungen ihre Zelte aufstellen oder in ihren Autos übernachten. September ist Erntezeit. Eichhörnchengleich klettern sie auf die Bäume, von unten lässt sich nicht sehen, ob oben an der Tanne viele Zapfen hängen. Je höher sie klettern, desto dünner werden die Äste, doch die Zapfen wachsen hoch oben in den Wipfeln. Überall ist klebriges Harz: am Kinn, an Wangen, Händen, der Kleidung. Handschuhe will Sandro nicht anziehen, denn ohne Handschuhe kann er den Baum besser fühlen. Klettergurt und Helm will er auch nicht, lieber eine Wollmütze, damit das Harz seine Haare nicht verklebt.

Als er jung war, wollte er möglichst viele Bäume in möglichst kurzer Zeit abernten, hat er uns noch erzählt. Also warf er erst die Zapfen auf den Boden, dann nahm er Schwung, schaukelte auf dem Wipfel, bis dieser sich so weit neigte, dass Sandro zur nächsten Tanne schwingen konnte. Meistens ging es gut, bis auf das eine Mal, das ihm die gebrochenen Rippen und jede Menge Schürfungen bescherte. Er hatte noch Glück im Unglück, denn immer wieder gab und gibt es Todesfälle. Seit dem Absturz klettert Sandro den Baum hinauf, nach der Ernte wieder hinunter, danach den nächsten hinauf und so weiter. Das hat er Khatia versprechen müssen.

Khatia hebt während der Ernte den Kopf in den Nacken und beobachtet ihren Sandro beim Klettern. Dann geht sie in Deckung, denn die Zapfen fallen wie Geschosse auf den Waldboden. Sie klaubt die Tannenzapfen zusammen, stopft sie in Säcke. Die Ernte verkaufen die beiden dann an Samenhändler. Girci ist das georgische Gold.

Per Flugzeug kommen die Samen nach Dänemark, denn hauptsächlich in dänischen Baumschulen werden aus den Samen erst Setzlinge. Dann braucht das Tännchen zehn Jahre, bis es zur dekorativen Nordmanntanne für das Weihnachtsfest herangewachsen ist, nur, um nach ein paar Tagen oder Wochen entsorgt zu werden. Ob das Alexander Davidowitsch von Nordmann gutheißen würde?

Kapitel 5

Der große Automarkt

»Wieviel?«, »Ramdeni?«, »Skolko?«, »How much?«
Die Frage, was man bezahlen möchte wabert in vielen Sprachen über das riesige Gelände.

»Ramdeni?« – Ich möchte kein Auto kaufen, aber ich interessiere mich trotzdem für diesen Automarkt, denn er ist der größte im Kaukasus. Deshalb bin ich nach Rustawi gekommen, 20, 25 Kilometer von Tiflis entfernt. In diese einst sumpfige Ebene, mit ihren Schornsteinen, ihren grauen Häusern, den schlaglochübersäten Straßen und mit viel Staub. Eigentlich ist Rustawi ein Ruinenfeld von verlassenen Produktionsstätten. Die Blütezeit der Sowjetunion war auch Rustawis goldene Zeit als Georgiens größter Industriestandort. Hier stand das größte Stahlwerk des Kaukasus, ein Stahlkombinat für die Verhüttung aserbaidschanischen Eisenerzes. Die erste Stahlschmelze fand am 21. April 1950 statt. Rustawi war Boomtown mit mehr als 100 Betrieben, hauptsächlich im Bereich der Schwerindustrie: Eisen-, Stahlwerke, aber auch Chemie- und Zementwerke sowie eine Kranfabrik.

Stalin machte aus Rustawi eine sozialistische Musterstadt, in der das private Eigentum abgeschafft und die Wertung von »armen« und »reichen« Stadtteilen aufgehoben wurde. In der Musterstadt wohnten die Menschen in neu gebauten Plattensiedlungen – brutaler Beton, Riegel um Riegel, neungeschossig, ungedämmt. Der gewachsene Bestand an historischen Gebäuden wurde vernachlässigt. Gleichzeitig spiegelte das zentral angelegte sozialistische Stadtzentrum die pathetische Überhöhung des sozialistischen Gedankens wider: breite, zentral angelegte Straßen und Plätze, geplant für Aufmärsche, die von der Größe der sozialistischen Idee zeugen sollten, repräsentative Bauwerke für Parteiorgane und monumentale Denkmäler für sozialistische Helden.

Nach der Unabhängigkeit Georgiens im Jahr 1991 überstanden nur drei Betriebe den Umbruch. 65 Prozent der Bewohner waren arbeitslos. Trotzdem ist Rustawi ein industrielles Zentrum geblieben, das Eisen- und Stahlwerk immer noch Stolz und wichtiger Arbeitgeber der Stadt.

Viel macht Rustawi heute nicht her: Es gibt das Rathaus mit der bronzenen Orchestergruppe auf dem Vorplatz und den Hauptboulevard zum Flanieren, ein Theater, das Ethnographische Museum, den Park für Kultur und Erholung, das Zweite-Weltkrieg-Denkmal am Freundschaftsplatz und die verfallene Kindereisenbahn am Flussufer. Auf dem Rustawi Motor Park, einer Autorennstrecke aus den 70ern, wurden immerhin elf UdSSR-Meisterschaften ausgetragen; mit dem Zerfall der Sowjetunion zerfiel auch der Rustawi Motor Park – bis er nach erheblichem Landschaftsumbau renoviert und 2012 in den Formel-3-Rennzirkus aufgenommen wurde. Allerdings war Rustawi nicht mehr unter den Austragungsorten der letzten Jahre. – Und aus Rustawi kommt die einzige Reggae-Band Georgiens: Das Trio Mandili, drei junge Frauen, die sich ganz dem Reggae verschrieben haben. Sie singen auf Georgisch und spielen dazu die Panduri, das dreisaitige Instrument aus Ostgeorgien, das eigentlich von Männern gespielt wird.

Rustawi war aber auch lange Zeit das Synonym für den Gebrauchtwagenmarkt, doch der Automarkt kränkelt seit in Aserbaidschan die Euro5-Norm Voraussetzung für Autoimporte ist. Auch mit Armeniern sind die Geschäfte schwieriger geworden, auch dort sind die Umweltstandards für Autoimporte gestiegen, sodass ältere Autos nur noch für den georgischen Binnenmarkt interessant sind. Da es jede Menge davon gibt, ist der Markt überschwemmt, die Preise sind am Boden. Schlecht für die Verkäufer, gut für die Käufer. Allerdings ziehen auch in Georgien die Umweltbestimmungen an, sodass die heimischen Kaufinteressenten ebenfalls zurückhaltend bleiben.

Dabei gibt es am Rustawi-Automarkt alles, um einen Autokauf schnell über die Bühne zu bringen: Der Verkäufer oder Käufer, der vielleicht eine weite Anreise hinter sich gebracht hat, kann im Hotel »Autopapa« günstig und fußläufig zum Automarkt einchecken. Kostenlose Parkplätze und Internetanschluss inklusive. Der Verkäufer kann in einer der Waschanlagen sein Auto verkaufsfördernd frisch machen.

»Wieviel?«, »Ramdeni?« Der Käufer hat die Qual der Wahl, nicht nur Ladas stehen da, sondern viele Opel und Mercedes, fein sauber poliert, in Reih' und Glied. Es gibt nicht nur Privatpersonen, die dort ihr Auto verkaufen wollen, sondern vor allem professionelle Autoverkäufer.

»Ramdeni?«, fragt mich ein Autoverkäufer, dessen Nacken auf intensives Muskeltraining deutet.

»Ich möchte kein Auto kaufen«, antworte ich dem ungläubig dreinschauenden Verkäufer. »Wie laufen die Geschäfte?«, frage ich stattdessen.

»Schlecht, sehr schlecht. Armenier fehlen und Aserbaidschaner«, klagt er. »Vor zehn Jahren hab ich drei, vier Autos verkauft, an einem Tag. Jetzt ein, zwei in der Woche – wenn ich Glück habe. Dabei sind die Autos gut. Sehr gut! Willst du nicht nochmal überlegen?«

»Nein danke.«

»Wie bist du hergekommen?«, will er wissen.

»Marschrutka«, antworte ich.

In theatralischer Überraschung schlägt der Autoverkäufer die Hände vorm Gesicht zusammen. »Marschrutka ist sehr, sehr gefährlich. Viele Unfälle. So viele Unfälle. Schlechte Fahrer. Besser eigenes Auto.«

Er deutet auf einen Container. »Business Room, wir können über Preis reden. In Ruhe. Du wirst nicht enttäuscht sein.«

Egal wie ich ihm versuche klar zu machen, dass ich nicht interessiert bin, er versteht es nicht oder will es nicht verstehen. Kein Wunder, er ist Autoverkäufer und ich stehe mitten auf einem Automarkt. Klar, dass ich mich in seinen Augen für Autos interessieren muss. Aber ich möchte weder in den von der Frühsommerwärme aufgeladenen Container, noch möchte ich Preisverhandlungen führen.

»Katchapuri? Sollen wir essen? Imbiss dort drüben.« Denkt der Autoverkäufer etwa mein Desinteresse sei meine Kaufstrategie, um den Preis zu drücken? Oder ist seine Strategie, dass es sich mit vollem Magen besser verkaufen lässt?

»Falls Geld nicht reicht, dort gibt es Bank. Kein Problem.« Er bleibt hartnäckig. Doch ich brauche weder einen Kredit, noch ein Finanzierungsmodell – und schon gar kein Auto. Ich setze auf Überrumplungstaktik, nehme seine Hand, schüttele sie, verabschiede mich, winke und gehe schnurstracks die Autoreihe entlang.

Tatsächlich bin ich hungrig. Soll ich zum Imbiss? Ein Katchapuri wäre jetzt lecker. Ich entscheide mich dagegen, wer weiß, ob der Autoverkäufer mich dort abpasst.

Am Rande des großen Verkaufsgeländes sehe ich ein Büro des Zolls. Sehr praktisch und kundenfreundlich ist es hier – oder war es. Als die Armenier und Aserbaidschaner noch eifrige Kunden waren, stand man am Zollbüro bestimmt Schlange, um die Zollformalitäten zu erledigen.

Nicht heute. Obwohl in regelmäßigen Abständen Schlagzeilen behaupten, dass der Markt vor dem Aus stünde, hat er bisher durchgehalten. Immer noch hört man auf dem Gebrauchtwagenmarkt von Rustawi: »Wieviel?«, »Ramdeni?«, »Skolko?«, »How much?«

Kapitel 6

Wo der Wein zuhause ist

Wir sehen sanfte Hügel voller Weinreben, keine Weinberge, sondern Weinhügel. Hügel genügen, denn in Kachetien gibt es so viel Sonnenschein, dass die Reben nicht auf steile Hanglagen angewiesen sind, um möglichst viel Sonne abzubekommen. Sonnenland Kachetien, doch auch im Sonnenland regnet es manchmal. Manchmal ist ausgerechnet heute, wo wir nach Sighnaghi kommen. Vom süditalienischen Flair der Stadt, der imposanten Stadtmauer mit ihren Türmen, den engen Gassen mit Kopfsteinpflaster, den geschnitzten Holzbalkonen und weinumrankten Terrassen an den grünen oder ockerfarbenen Häusern aus dem 17. und 18. Jahrhundert und dem angeblich so herrlichen Blick über das Alasani-Tal, durch das sich der Fluss wie ein silbernes Band ziehen soll, bekommen wir genauso wenig mit, wie von den in weiter Ferne verschwimmenden schneebedeckten Gipfeln des Großen Kaukasus.

Eigentlich wollten wir zum ein paar Kilometer entfernten Kloster Bodbe wandern, aber nicht bei diesem Wetter! In Bodbe liegt die Heilige Nino begraben, die eigentliche Missionarin Georgiens. Sie soll Syrerin gewesen sein, Christin und Heilerin. Sie soll aus römischer Gefangenschaft geflohen und zu Fuß nach Iberien, also der Gegend um Mzcheta gekommen sein. Ihre Heilkünste ließen selbst die Königin Nana genesen, die daraufhin Ninos Glauben annahm. Als ihr Gemahl, König Mirian einst zur Jagd war, wurde es plötzlich stockfinster. Der König verirrte sich, niemand hörte sein verzweifeltes Rufen. Erst als er Ninos Gott anrief wurde er von seinen Begleitern gefunden. Aus Dankbarkeit machte der König im Jahr 337 das Christentum zur Staatsreligion.

Während draußen das schlechte Wetter anhält, kommt Lela, unsere junge Zimmerwirtin mit einem Weinkrug und zwei Gläsern in den Gastraum.

»Ein Gruß meines Vaters, er möchte, dass ihr seinen Wein kostet.« Lela scheint zu wissen, wie sie selbstmitleidigen Gästen helfen kann. Ihr kleiner Sohn Davit streicht um ihre Beine und lächelt uns schüchtern an. »Bei uns fragt man zur Begrüßung nicht, wie geht es dir, sondern: Wie geht es deinem Wein? Zumindest hält es die Generation meines Vaters so«, erläutert Lela und gießt uns den Roten ein. »Es ist unsere Tradition, den Wein mit Gästen zu teilen. Für meinen Vater und für wahrscheinlich fast jeden in Kachetien ist der Wein Lebenselixier und vielleicht sogar Lebenssinn. Alle haben ihren Marani, ihren Weinkeller.« Lachend fügt Lela hinzu: »Natürlich denkt jeder, sein Wein sei der beste.«

Für uns schmeckt das Lebenselixier ungewohnt, sehr herb und irgendwie dumpf, als wehe ein Hauch Moder im Gaumen, gleichzeitig aber auch durchaus aromatisch. Gewöhnungsbedürftig eben.

Die Georgier haben den Wein erfunden, sagen die Georgier. Es gibt vier Weinanbaugebiete: Kachetien im Osten des Landes, Kartlien in Zentralgeorgien, Imeretien im Westen und Ratscha-Letschchumi im Nordwesten. Hier im Sonnenland Kachetien ist die Wiege des Weins. Tatsächlich finden sich älteste Spuren des Weinanbaus in Georgien. Bereits vor 8.000 Jahren soll hier Wein gekeltert worden sein. »Die ältesten Samen kultivierter Weinreben wurden in Georgien gefunden und auf 6000 vor Christus datiert«, schreibt Roderick Phillips in seinem Buch »A short History of Wine«. Ethymologisch leitet sich »Wein« oder »Vino« von der altgeorgischen Bezeichnung »Ghvino« her. Archäologen entdeckten Werkzeuge zur Weingewinnung aus dem dritten Jahrtausend vor unserer Zeitrechnung mit über 4.000 Jahre alten Traubenkernen, der noch heute angebauten Rebsorte »Rkatsiteli«. In einer Keilschrifttafel aus dem 9. Jahrhundert vor Christus über den Ruhm und die Macht des assyrischen Reiches soll sich die Anmerkung finden, dass alle unterworfenen Völker ihre Abgaben in Gold zu zahlen hätten, außer die Georgier, die sollten ihren Tribut mit Wein abgleichen.

Außerdem spielt »Wein« auch bei der Entstehungsgeschichte des Landes eine gewisse Rolle, zumindest, wenn man der schönen Legende Glauben schenkt: Gott verteilte das Land an die Völker. Alle haben ihre Länder bekommen, Gott war mit seiner Arbeit zufrieden. Dann erst kamen die Georgier, sie hatten sich verspätet, was Gott erzürnte. Als er allerdings erfuhr, dass die Georgier sich wegen ausgiebigem Feierns mit Wein und guten Speisen, Gesang und Tanz verspätet hatten und als er ihre Fröhlichkeit und ihren Charme kennenlernte, konnte er nicht anders: Er schenkte den Georgiern das schönste Stückchen Land, das er eigentlich sich selbst vorbehalten hatte.

Wir nehmen noch einen Schluck, der schon besser schmeckt, lungern auf dem verschossenen Sofa, sehen Davit zu, wie er mit einem roten Matchbox-Auto, dem zwei Räder fehlen, über den Dielenboden kriecht. Die Tür geht auf, ein pitschnasser Mann schält sich aus seiner dicken Jacke.

»Mein Vater Irakli«, stellt uns Lela den nassen Mittfünfziger mit den grauen Haaren und den leuchtenden braunen Augen vor. Irakli kommt direkt vom Weinberg. Er wischt seine Hände an der nassen Hose ab, bevor er uns mit kräftigem Handschlag begrüßt. Er deutet auf den Wein und Lela übersetzt seine Worte: »Wie schmeckt euch mein Wein?«

Jeder denkt, sein Wein sei der beste – hat uns Lela vorhin gelehrt. Darum beschließe ich nichts von »gewöhnungsbedürftig« und »Moderhauch« zu sagen, sondern antworte: »Er schmeckt nach den guten Böden, nach Sonne und Frucht, nach Himmel und Erde, nach Mühen und Festen. Er schmeckt nach Georgien.«

Irakli scheint mit der Antwort zufrieden zu sein. Er lässt sich von Lela ein Glas bringen und stößt mit uns an. »Wenn ein Georgier Brot und Wein hat, kann ihm nichts mehr Angst machen.« Dann entschuldigt er sich.… die nasse Hose, das nasse Hemd.

Davit spielt selbstvergessen. Draußen schüttet es immer noch, doch mit jedem Schluck stört uns das weniger. Lela will, dass sich ihre Gäste wohlfühlen, darum beginnt sie, ohne dass wir es anfangs mitbekommen, ein Weinseminar abzuhalten – oder besser gesagt, Politik- und Weinseminar. »Früher war Georgien der Weinkeller der UdSSR. Es gab eine regelrechte Massenproduktion, 30 Millionen Liter wurden pro Jahr exportiert, die Qualität spielte keine Rolle, Hauptsache pappsüß. Georgien gehörte durch den Weinbau zu den wohlhabendsten Regionen im Sowjetreich.« Das erste Mal kam die georgische Weinwirtschaft in den 1980er Jahren ins Trudeln. Damals läutete Michail Gorbatschow seine Anti-Alkohol-Kampagne ein. Seit der Unabhängigkeit ist das Weinembargo ein immer wieder eingesetztes Mittel der russischen Regierung, um Druck auf Georgien auszuüben. »Kürzlich stellte die russische Lebensmittelbehörde bedenkliche Verunreinigungen in georgischem Wein fest, im Moment verbietet die russische Regierung gerade wieder den Import georgischen Weines«, meint Lela kopfschüttelnd. »Das mit der Verunreinigung ist vorgeschoben. Dahinter steckt wieder was Politisches. – Unsere Opposition kritisierte nämlich schon lange, dass unsere Regierung zu freundlich gegenüber Moskau sei. Als dann noch ein russischer Abgeordneter in unserem Parlament auf Russisch sprach, kam es zu Protesten und Unruhen. Schließlich ist Russland immer noch Besatzer eines Teils unseres Landes.« Lela spielt auf den Konflikt zwischen Georgien und Russland an, der ins Jahr 2008 zurückreicht. Damals hatte Moskau die abtrünnige Region Südossetien mit Truppen unterstützt, es kam zu einem 5-Tage-Krieg und die russischen Soldaten stießen zeitweise bis ins georgische Kernland vor. Bis heute stehen russische Truppen in Südossetien. In den letzten Jahren hatte sich die Situation entspannt, das damals verhängte Weinembargo war längst aufgehoben. Doch nun, mit dem Aufreißen alter territorialer Wunden, scheint es wieder als Druckmittel eingesetzt zu werden.

Irakli kommt zurück, streicht seinem Enkel über den Kopf, der scheint es in seiner Matchbox-Welt gar nicht zu bemerken. Er schenkt uns und sich ein, wir heben unsere Gläser, Irakli rezitiert ein Gedicht oder einen Trinkspruch und Lela übersetzt:

»Gäste, liebe Gäste, was ist ein Fest ohne euch?
Ohne Gast sind Brot und Wein bitter, nicht süß.
Ohne Gast soll die Sonne gar nicht kommen,
sie wird ohnehin nicht wärmen.«

Gastfreundschaft in einem Vierzeiler. Lieber Irakli, auf dass du immer eine reiche Ernte hast!

»Wir keltern noch heute wie unsere Vorfahren.« Irakli führt unser Weinseminar fort. »Die Methode ist einfach. Wir zerquetschen die Trauben und alles, der Most, die Schalen, die Kerne, die Stiele kommen in die Kwewri. Das ist ein Tongefäß, in das mehr als 1.000 Liter hineinpassen. Die Kwewris werden von Hand auf der Töpferscheibe hergestellt. Unsere Kwewris sind uralt, in denen hat schon mein Großvater seinen Wein gemacht.«

Ich habe die gewaltig großen Tonamphoren bereits auf der Fahrt nach Sighnaghi in einer Hofeinfahrt gesehen. Irakli lädt uns in seinen Weinkeller ein. Viel gibt es nicht zu sehen, denn die drei Kwewris sind bis zum Hals eingebuddelt. »Die Kwewri muss aus Ton sein, nicht aus Stahl oder Holz oder gar Plastik. Nein Ton, wie vor 7.000 Jahren! Wenn sie leer ist, wird sie gesäubert und mit Wachs ausgestrichen, so hält sie Hunderte von Jahren. Der Ton temperiert den Wein gleichmäßig kühl, lässt ihn aber auch atmen. Und der Wein nimmt beim Reifungsprozess die tonigen Aromastoffe der Kwewri auf. Die Kwewri muss eingegraben werden, denn sie ist so dünnwandig, dass sie Gegendruck braucht, sonst würde sie schon beim Füllen platzen.«

Welch genial einfache, welch archaische Produktionsmethode. Dieses uralte Verfahren des Weinmachens fand sogar seinen Platz in der UNESCO-Liste des immateriellen Kulturerbes der Menschheit.

»Seht ihr die Kwewri?« Irakli deutet auf eine eingegrabene Amphore dicht an der Hausmauer. »Die haben wir zu Davits Geburt gefüllt. Bei seiner Hochzeit werden wir den Wein trinken. Davits Wein.«

Später lese ich, dass in der kachetischen Akademie von Ikalto, einer der ersten Universitäten der Welt und einer sehr fortschrittlichen Lehranstalt ihrer Zeit, jeder Schüler einen Krug mit Wein unter seinem Pult hatte, um bei Bedarf dem Denken Klarheit zu verschaffen. Selbstverständlich wurde in der Akademie eigener Wein gekeltert.

Nicht nur dort und in vielen Häusern, sondern auch in Kirchen finden sich Weinkeller, spielt doch der Wein eine wichtige Rolle in der Eucharistie: der Wein symbolisiert das Blut Christi – der Weinstock mit seinen Früchten ist eine Metapher für die Kraft des Blutes, das Urbild des Lebens. Die georgisch-orthodoxen Mönche haben über Jahrhunderte Wein hergestellt.

»Der Wein ist ein Geschenk, das Gott uns gegeben hat. Damit unsere Herzen mit Glück erfüllt sind, unsere Körper stark und unsere Seelen rein.« – Irakli, der Winzer, Irakli, der Philosoph. Egal, wie das Wetter draußen ist, für uns scheint heute die Sonne in Kachetien.

Kapitel 7

Voll, voller, Marschrutka

Es stinkt nach Abgasen im Kleinbus, als würde der Dreck des Auspuffs direkt in den Innenraum gelenkt, in dem wir zwischen Sitznachbarn und Taschen eingekeilt sind. Das Huhn, das vor mir auf dem Boden kauert und wohl seine letzten Stündlein ausgerechnet in einer Plastiktüte fristet, aus der nur sein Köpflein schaut, scheint auch schon ganz benebelt zu sein. Ach, wäre ein eigenes Auto jetzt herrlich. Hätte ich mich vom Autohändler in Rustawi doch überzeugen lassen.

Jetzt aber sitzen wir in einer voll besetzten Marschrutka. Voll bis auf den letzten Platz, denke ich. Was für ein Anfängerfehler! Kurz nachdem wir losgefahren sind, bemerken wir am Straßenrand eine Frau mit zwei großen Taschen. Sie winkt, bewegt dabei die flache Hand mit der Handfläche nach unten, als würde sie einen Ball prellen – das Zeichen für »bitte anhalten, ich möchte mitfahren!«. Unser Fahrer scheint tatsächlich der Meinung zu sein, dass noch genügend Platz für die Frau und ihre Taschen ist. Also hält die Marschrutka und als die Schiebetür geöffnet wird, strömt herrlich frische Luft ins Wageninnere. Eine der Taschen quetscht der Fahrer noch irgendwie in den kleinen, bereits proppenvollen Kofferraum, die andere kommt dem Huhn sehr nahe. Nun wird umgesetzt: Ein fülliger Mann soll neben dem Fahrer Platz nehmen, zusammen mit zwei vielleicht zehn-, zwölf-jährigen Jungs. Die beiden sträuben sich etwas, doch ihre Mutter nickt ihnen aufmunternd und auffordernd zu. Einem Marschrutka-Fahrer wird nicht widersprochen. Die Mutter selbst wird in unsere Sitzreihe verfrachtet, die neu hinzukommende Frau in die Reihe davor. Durch diese Rochade auf den eng montierten Sitzen lande ich direkt an der Schiebetür, was mir etwas mehr Beinfreiheit gibt. Außerdem bin ich nun ganz nah am kleinen Schiebefenster, durch das ich ein wenig frische Luft bekomme.

Ich muss daran denken, wie wir zwei Stunden zuvor in Tiflis auf dem Busbahnhof Didube angekommen sind, von wo aus die Marschrutki abfahren. Wir sind völlig überfordert, denn Marschrutka reiht sich an Marschrutka, kreuz und quer, für uns ohne ersichtliches System, aber alle mit einem Schild beschriftet, das vermutlich den Zielort benennt, das wir aber nicht lesen können. Die georgische Schrift sieht zwar wunderschön aus – filigran, ornamental, verschlungen – für uns aber besteht sie bloß aus Kringeln und Kreisen, aus Hufeisen und gemalten Eistüten. Vor den ersten Marschrutki bleiben wir einfach stehen und fragen: »Borjomi?« Die Leute schicken uns weiter, vorbei an kleinen Obstständen, an alten Frauen, die in ihren Bauchläden Bananen verkaufen oder Streichhölzer, vorbei an winzigen Verkaufsständen mit Chips oder Schokoriegeln oder Zigaretten, die man auch einzeln kaufen kann. Durch schmale Gassen, in denen Blumen feilgeboten werden oder Kekse oder Waagen, auf denen man im Vorbeigehen sein Gewicht prüfen kann. Sie schicken uns vorbei an einer Unterführung, aus der Musik wie von einem einsamen Bergdorf im Hohen Kaukasus klingt – zumindest wie ich mir Musik in einem Dorf im Hohen Kaukasus vorstelle. Eine Musik, die mich in Bergwelten versetzt. Im Vorbeihasten sehe ich ein paar junge Männer mit E-Bass, Trommel, Gitarre, Ziehharmonika und georgischer Panduri, einer Art Laute. Passanten singen die Bergwelten-Lieder mit. Ich hätte gerne länger zugehört, doch wir haben unser Fortbewegungsmittel noch nicht gefunden.

Irgendwann sitzen wir dann im richtigen Sammeltaxi, das Einsteigen garantiert nämlich den Sitzplatz. Wir warten, bis der Fahrer auf dem Fahrersitz Platz nimmt und den Motor startet. In der Sitzreihe vor mir bekreuzigen sich ein Mann mit Stiernacken und eine kleine Frau mit ondulierter Lockenpracht.

Schon auf den ersten Kilometern beginnt der Abgasgestank. Es geht leicht bergauf. Unser Fahrer setzt zum Überholen an. Sieht er denn den entgegenkommenden Lastwagen nicht? In der Marschrutka ist es mucksmäuschenstill, alle – auch das Huhn – scheinen den Atem anzuhalten. Der Abgasgestank nimmt zu. Abwechselnd starre ich auf die Heiligenbildchen am Armaturenbrett und auf den immer näher kommenden Lastwagen. Unser Marschrutka-Fahrer hupt, der Lkw-Fahrer hupt. Gefühlt drei Zentimeter vor dem Zusammenstoß drückt sich unser Sammeltaxi wieder auf die rechte Spur und reiht sich ein. Unser Sprinter hat eine andere Marschrutka überholt, die die Aufschrift »Tischlerei Krause – Dresden – Ihr Partner für Holz« trägt. Allgemeines Aufatmen, unser Partner für Holz fährt hinter uns. Es ist nochmal gut gegangen. Es geht meistens gut. Die Fahrgäste beginnen sich nun angeregt zu unterhalten, vielleicht über die Fahrkünste der Marschrutka-Fahrer im Allgemeinen oder über den Verkehr, vielleicht übers Wetter, es regnet dieser Tage ungewöhnlich viel. Andere tippen nun wieder auf ihr Mobiltelefon, die Erleichterung ist mit Händen zu greifen.

Eine Fahrt mit der Marschrutka ist so, wie das Wort klingt: hart und klapprig. Aber die Marschrutki gelten auch als schnell, flexibel und günstig. Moderate Preise, moderater Komfort. Weder Schlaglöcher, noch fehlende Autoteile können sie aufhalten. Immer wieder taucht in meinem Kopf das Wort »Marschrottka« auf – wahrscheinlich liegt es an den Abgasen, die bereits wieder den Innenraum vergiften. Dabei ist das Wort »Marschrutka« noch ein Überbleibsel aus der Sowjetzeit, das sich angeblich an das deutsche Wort »Marschroute« anlehnt.

An einem altersschwachen Transporter mit »Jugendhilfe Göppingen« auf der Kühlerhaube, sind wir zuvor bereits vorbeigefahren, auch an »Sanitätshaus Meier«. Was rollt, das fährt, erst wenn es auseinanderfällt, fährt's nicht mehr. Wen interessieren schon defekte Lampen oder Risse in der Windschutzscheibe? Wie viele Kilometer mögen diese Mikrobusse auf dem Buckel haben?

Wie sind sie nach Georgien gekommen, überlege ich. Wahrscheinlich in der Zeit, als die Einfuhrregeln lax waren. Als auf Frachtern und Containerschiffen jede Menge Gebrauchtwagen aus Deutschland am Hafen von Batumi ins Land kamen. Was in Westeuropa nicht mehr durch den TÜV kam, konnte – beziehungsweise kann – in Georgien noch viele arbeitsreiche Jahre vor sich haben. »Sanitätshaus Meier« – die Originalaufschriften gelten als Qualitätsmerkmal. Die Autos auf den Containerschiffen waren damals proppenvoll gefüllt mit Kleidern, Fernsehgeräten oder Fahrrädern, denn verzollen musste man nur die Autos, nicht aber deren Inhalt. Das war vor 20, 25 Jahren so, wie alt die Autos heute sind, kann man sich demnach ausrechnen. Aber sie rollen noch.

Kaum vorzustellen, denn seit 2019 müssen alle Fahrzeuge, die älter als acht Jahre sind, jährlich dem georgischen TÜV vorgeführt werden. Allerdings kosten Verstöße nicht mehr als umgerechnet 20 Euro für Privatpersonen und an die 65 Euro für Geschäftsleute. Nach und nach sollen alle Fahrzeugklassen auf Fahrtauglichkeit und Umweltverträglichkeit überprüft sein – so die Vorstellung der Regierung. Nach und nach wird es dann »Jugendhilfe Göppingen« oder »Tischlerei Krause – Dresden – Ihr Partner für Holz« wohl doch an den Kragen gehen.

In Tiflis sind Marschrutki leicht an ihrer gelben Farbe zu erkennen. Das einfachste, billigste und beliebteste Verkehrsmittel für Nah- und Fernverkehr sei die Marschrutka, lese ich. Die Marschrutka hält auf Aufforderung der Fahrgäste auch abseits der offiziellen Bushaltestellen, einfach vernehmlich »Gaadscheret« rufen und der Fahrer hält an.

Wir fahren an einer Kirche vorbei. Die Hälfte unserer Mitfahrenden bekreuzigt sich dreimal. Nicht nur an dieser Kirche, sondern an allen, die wir passieren. Und auch an jedem Kloster. Ein Zeichen der Gläubigkeit? Der tiefen Verbundenheit zur Kirche? Oder ein Automatismus, der einfach dazugehört?

Die Meinung der Reisenden über die Marschrutki ist geteilt, während manche denken, das Verkehrsmittel gehöre zum Lokalkolorit, sprechen andere von den Gefahren, die mit den klapprigen Vehikeln und den schlechten Gewohnheiten der Fahrer zusammenhängen. Diejenigen, die ein modernes Georgien herbeisehnen, sehen in den Marschrutki nichts als mittlerweile unpassende sowjetische Relikte. – Ein Regentropfen landet auf meinem Schenkel. Noch einer, auch noch ein dritter, vierter, fünfter. Am Gummi, der die Schiebetür abdichten soll, bildet sich eine Schnur von Regentropfen, die genau über mir abtropft. Wahrscheinlich stammt diese Marschrutka auch aus der Zeit der Containerschiffe, die in Batumi anlandeten.

Marschrutki sind in Georgien ein wichtiges Verkehrsmittel, denn nach dem Zusammenbruch der Sowjetunion kollabierte das gesamte

Transportwesen. Zwar gelang es die paar wenigen Eisenbahnstrecken, die es gab, einigermaßen zu erhalten, in Tiflis auch noch das U-Bahnsystem, doch der Rest des öffentlichen Verkehrswesens blieb auf der Strecke. Omnibusse und Straßenbahnen veralteten und wurden unbrauchbar. Die Marschrutki übernahmen die Aufgabe des Personentransportes. Bis etwa 2005 waren sie das wichtigste Transportmittel in Georgien.

»Gaadscheret«, ruft die Frau mit den blondierten Haaren, zu der das Huhn gehört. Der Fahrer hält, dann nimmt die Frau ihre große dunkelbraune Tasche und die Plastiktüte mit dem Huhn, das nun die Augen aufreißt und leise, aber seinem Schicksal ergeben, vor sich hinackert. Als Frau und Huhn ausgestiegen sind, ruckeln sich die Fahrgäste in der Sitzreihe vor uns zurecht.

Irgendwann kommen wir in Borjomi an. Da wir es nicht eilig haben, unser Fahrer eine kurze Pause einlegt, eine Zigarette raucht, einem Schwätzchen nicht abgeneigt ist – und wir auch schnell jemanden finden, der für uns übersetzt, plaudern wir über seinen Beruf. Giorgi – wie auch sonst – ist Ende 50, sein halbes Leben hat er als Marschrutka-Fahrer gearbeitet. »Immer Marschrutka.« Er lacht und einige Zahnlücken kommen zum Vorschein. »Immer Tbilissi – Borjomi – Tbilissi.«

Er wird jede Kurve und jedes Schlagloch auf der Strecke kennen. Wieder lacht Giorgi. Er lacht gerne, das zeigen die vielen Lachfalten in seinem unrasierten Gesicht. Doch dann wird er ernst. »Früher, als ich angefangen habe, wurden gerade Sprinter oder Volkswagen aus Europa, hauptsächlich aus Deutschland eingeführt. Davor fuhren hauptsächlich lettische RAF's. Rigas Autobusus Fabrika hat in Lettland Minibusse und Kleintransporter gebaut. Ist insolvent.«

Um das Jahr 2000 retteten Marschrutki das georgische Transportwesen. Diejenigen, die im Transportwesen beschäftigt waren, hatten auch nach dem Zusammenbruch der Sowjetunion ein ziemlich normales Leben. Ganz anders in anderen Berufen, die nach dem Zusammenbruch finanziell abgewertet wurden. »Ein Marschrutka-Fahrer war damals ein begehrter Bräutigam«, berichtet Giorgi und streicht sich lächelnd über seinen Dreitagebart. Ob er in dieser Zeit seine Frau gefunden habe? Giorgi lacht und seine braunen Augen funkeln.

»Damals gab es einen Witz: Mein Schwiegersohn hat mich angelogen und betrogen. Er hat behauptet, er sei Marschrutka-Fahrer, doch er ist nur Arzt.« Giorgi zündet sich die nächste Zigarette an.

»Heute ist Marschrutka-Fahrer kein guter Job. Die meisten Leute mögen uns nicht. Sie schimpfen, wenn wir zu schnell fahren. Oder wenn wir überholen. Aber alle wollen schnell ans Ziel kommen. Wenn es zu lange dauert, schimpfen sie auch. Oder wenn wir im Sommer die Klimaanlage nicht einschalten.«

»Warum machst du im Sommer die Klimaanlage nicht an?«, frage ich und denke an über 40 Grad Hitze in georgischen Sommern.

Giorgi druckst herum, verlegen kratzt er sich an seiner faltendurchzogenen Stirn, dann fährt er sich über sein kariertes Hemd mit dem kleinen Bauchansatz darunter. »Eine eingeschaltete Klimaanlage verbraucht mehr Benzin. Das ist schlecht für mich.«

»Das ist auch schlecht für die Fahrgäste«, entgegne ich und stelle mir schwitzende, überhitzte Passagiere vor, die nebeneinandergequetscht zusammenkleben, während ihnen der Schweiß in kleinen Rinnsalen den Rücken hinabläuft und die Sitzpolster tränkt. »Wieso ist es schlecht für dich?«

»Marschrutka gehört nicht mir. Ich muss die Einnahmen von der Fahrt meinem Boss geben. Der zahlt von dem Geld Benzin und Reparatur für Marschrutka und Steuer und so, was davon übrigbleibt ist mein Geld. Wenn ich mehr tanken muss, weil die Klimaanlage eingeschaltet ist, verdiene ich weniger Geld. Aber wenn ich die Klimaanlage nicht einschalte, dann schimpfen die Fahrgäste.«

Ein echtes Dilemma. Marschrutka-Fahrer sind nämlich nicht angestellt, sodass sie mit einem festen Gehalt rechnen könnten. Sie sind selbständig, somit können sie nicht auf Arbeitnehmerrechte pochen. Deshalb hängt ihr Einkommen immer noch von der Zahl der Fahrgäste ab, also pferchen die Fahrer jede Menge Passagiere in ihr Sammeltaxi. Deshalb sitzen sie auch, wenn sie krank sind und eigentlich ins Bett gehören, am Steuer. Deshalb machen sie auch jede Menge Überstunden, um etwas mehr Geld heimzubringen. Geld für Giorgis Familie, zu der außer Frau und drei Kindern auch seine Eltern gehören, die bei ihnen in der Vierzimmerwohnung leben. Seine Frau ist Hausfrau, kümmert sich um die gemeinsamen Kinder und seine alten

Eltern. Mit Giorgis Einkommen und den winzigen Renten seiner Eltern müssen sieben Personen über die Runden kommen.

Zwar erzählt Giorgi nicht, wieviel er verdient, aber Geld scheint immer knapp zu sein, deshalb schiebt er viele Überstunden, nimmt jede Fahrt mit, die er kriegen kann. Um sich zu beeilen geht er Risiken ein, macht waghalsige Überholmanöver, verletzt Verkehrsregeln und riskiert die Sicherheit seiner Fahrgäste. Er habe in all den Berufsjahren nur einmal einen Unfall gebaut, betont unser Fahrer mit erhobenem Zeigefinger. »Nur einmal!« Was damals passiert ist, wie schlimm der Unfall war, dazu gibt Giorgi keine Auskunft, stattdessen nimmt er einen letzten Zug, drückt dann die Zigarette mit der Schuhspitze seines braunen Treters aus, nickt uns zu, nimmt noch einen Schluck aus der Thermoskanne. Seine Marschrutka ist schon beinahe voll besetzt, gleich geht es die 160 Kilometer wieder zurück nach Tiflis.

Kapitel 8

Dem Heiligen sei Dank!

Wir stehen im Tannenwald oberhalb des Kurortes Borjomi, im Kleinen Kaukasus. In dieser Gegend ist Alexander von Nordmann auf seine erste Nordmanntanne gestoßen. Der Regenschauer, der vor einer halben Stunde niedergeprasselt ist, intensiviert den Tannenduft. Wir schließen die Augen, inhalieren das Bouquet und vergessen für einige Augenblicke unsere missliche Lage: Ziel unserer Wanderung ist die Georgskirche aus dem 13. Jahrhundert, die in der Nähe des kleinen Dorfes Sadgeri stehen soll. Ohne Karte, ohne Internetverbindung und mit einer mehr als dürftigen Wegbeschreibung wissen wir aber nicht, wie weit wir noch von Sadgeri entfernt sind. Mit der Seilbahn sind wir vom Kurpark Borjomi, manche nennen ihn Mineralwasserpark, zum Bergplateau gefahren, unter uns das Kurhaus mit der Katharinenquelle, deren Heilwasser unter einer Kuppel aus türkisfarbenem Eisenfachwerk aus vernickelten Wasserhähnen fließt.

Yevgeni Golowin war 1850 Vizekönig des Kaukasus. Er soll seine kranke Tochter Katharina nach Borjomi gebracht haben. Welches Leiden Katharina auch haben mochte, das Borjomi-Wasser heilte sie – und die hiesige Quelle mit dem 40 Grad warmen, sauren und schwefelhaltigem Wasser, erhielt ihren Namen: Katharinenquelle. Zuvor schon hatten russische Soldaten die Kunde vom Heilwasser nach Moskau gebracht. Es wurde erzählt, dass ein Soldat über schlimme Magenschmerzen klagte. Der tägliche Trank aus der Quelle verschaffte ihm nicht nur Linderung, nein, die Magenschmerzen verschwanden gänzlich. Der Arzt der Truppe soll eine Probe des Borjomi-Wassers zur Analyse in die Heimat geschickt haben. Bald kam von dort die Bestätigung der mineralischen Heilquellen, die bei Erkrankungen des Magen-Darm-Traktes sowie der Leber und Bauchspeicheldrüse helfen sollen.

Erst kamen die Kurgäste, vor allem aus Russland. Dann ließ Großfürst Michail Romanow 1890 eine Fabrik zum Abfüllen des Heilwassers in mundgeblasene Flaschen bauen. In den 1980er Jahren wurden jährlich bis zu 400 Millionen Flaschen abgefüllt. Borjomi-Wasser war das meistverkaufte Wasser der Sowjetunion.

Das hilft uns jetzt nicht weiter. Wir stehen im Wald, mehr als eine Stunde Fußmarsch von der Bergstation der Seilbahn entfernt, vor einem Schild, das wir nicht lesen können. Außer georgischer Schrift ist die Abbildung eines knienden, die Hände nach oben haltenden, weißbärtigen Mannes mit Heiligenschein zu sehen. Vielleicht Georg? Wir beschließen, dem Heiligen auf dem Schild zu folgen, auch wenn uns das noch tiefer in den Tannenwald bringt. Der erst noch breite Weg wird immer schmaler. Ich habe gelesen, dass in georgischen Wäldern Braunbären, Luchse und Wölfe, aber auch das harmlose Kaukasische Birkhuhn beheimatet sind. Hat etwa gerade ein Ast geknackt? War da ein Schatten?

Es beginnt wieder zu regnen, nein, zu schütten. Warum haben wir uns ausgerechnet den regenreichsten Monat für unseren Besuch in Georgien ausgesucht? Der Heilige scheint es gut mit uns zu meinen, denn kurz darauf entdecken wir einen großen Stein unter einem Blechdach, dahinter steht eine kleine Kapelle. Im Innern ist Blau die vorherrschende Farbe. Heilige sind im Altarraum an die halbrunde Wand gemalt. Ikonen hängen an den übrigen Wänden. Von der Decke baumeln unzählige Lämpchen aus farbigem Glas. Ein blaues Priestergewand hängt fein säuberlich über einem Kleiderbügel, der von einem Nagel an der Wand gehalten wird. Auf einem Wandgemälde neben dem Eingang begrüßt uns der weißbärtige Heilige, den wir bereits auf dem Schild gesehen haben. Dieses Mal sitzt er auf einem Stein, ein Bär kommt auf ihn zu. Bär und Heiliger sehen sich freundlich an, der Heilige streckt ihm die offene Hand entgegen.

In einer Ecke werden heilige Souvenirs angeboten: Ikonenbildchen, Kerzen, Armbänder mit Heiligen, Flaschen mit klarem Wasser, vielleicht Borjomi-Heilwasser? Vielleicht Tschatscha, der berühmt berüchtigte georgische Schnaps? Während wir in der Kapelle darauf warten, dass der Regen nachlässt, beobachten wir zwei Gruppen von Besuchern dabei, wie sie sich erst die Regentropfen aus den Haaren schütteln, bevor sie sich bekreuzigen, die Ikonen küssen und Kerzen anzünden. Die nächsten Besucher sind sommerlich bekleidet und sprechen Russisch – kommen sie vielleicht aus Sibirien und empfinden jede Temperatur über zehn Grad als hochsommerlich?

Nach einer weiteren halben Stunde hat der Regen immer noch nicht nachgelassen, doch wir wollen trotzdem weiter zur Georgskirche. Eigentlich ist uns die Kirche gar nicht so wichtig, selbst wenn im Reiseführer steht, sie sei einen Abstecher wert. Viel mehr geht es uns um den sportlichen Ehrgeiz des geografischen Findens, trotz oder gerade wegen der schlechten Beschreibung.

Wir gelangen auf eine Straße, der Regen wird wieder stärker. An einer überdachten Bushaltestelle stehen braune Hühner dicht an dicht gedrängt unter. Für uns ist da kein Platz mehr. Gleich nach der überfüllten Bushaltestelle entdecken wir ein Schild: »Swimming Pool«. Das Schild zeigt in den Wald, ein paar Reifenspuren führen dorthin. Ich stelle mir natürliche, heiße Quellen vor, Felsenpools, in denen es sich herrlich den Regen aushalten ließe. Doch zuerst die Georgskirche.

Nach der Bushaltestelle ist es nicht mehr weit bis zu den ersten Häusern des Dorfes. Leider ist bei dem Schietwetter niemand auf der Straße, den wir nach der Kirche fragen können. Also marschieren wir die schlaglochübersäte Dorfstraße entlang, die gleichzeitig die einzige Straße des Dorfes ist. Plötzlich hält ein Auto neben uns, die Fensterscheibe geht nach unten und ein Mann fragt uns etwas auf Russisch. Wir drücken unser Bedauern des Nichtverstehens in Englisch aus. Der Fahrer schaut zu seiner Frau. Diese spricht Englisch. Sie fragt uns nach irgendeinem Kloster oder einer Kirche.

»Die kennen wir nicht, aber wir suchen die Georgskirche.«

Der Regen ist noch stärker geworden.

»Entschuldigen Sie, dürfen wir einsteigen?«, frage ich spontan.

Die beiden stutzen einen Moment. Doch dann springt der Fahrer aus dem Wagen, räumt die Habseligkeiten der Rückbank in den Kofferraum und hält uns einladend die Autotür auf. Er fährt langsam die Dorfstraße entlang, während die Frau zu erzählen beginnt. »Wir sind nur vier Tage in Georgien. Nur in Borjomi. Wir schauen uns die Kirchen und Klöster der Umgebung an und kuren. Jeden Tag trinken wir das berühmte, gesunde Borjomi-Wasser direkt von der Quelle. In Russland ist das Wasser teuer, hier ist es umsonst.«

Ein alter Mann taucht auf der Dorfstraße auf. Unser Fahrer fragt ihn auf Russisch. Alle, zumindest alle älteren Georgier und Georgierinnen sprechen Russisch. Wir wenden auf der engen Straße und fahren zurück. Raus aus Sadgeri, an der Bushaltestelle mit den geduldig wartenden Hühnern vorbei. Wir wollen protestieren, dass dies die falsche Richtung sei, doch sind wir Gäste, also schweigen wir. Immerhin sitzen wir im Trockenen. Schon sehen wir wieder das Schild mit dem Heiligen. Das Auto biegt in Richtung Schild ab, hält auf einem Parkplatz. Nicht weit davon sehen wir den überdachten Stein und die Kapelle. Wir wollen nicht aussteigen, unsere »Gastgeber« schon. Sie gestatten uns im Auto sitzen zu bleiben. Wir sehen ihnen aus dem Auto zu, wie sie vor dem Stein stehen, sich bekreuzigen, dann gemessenen Schrittes in die Kapelle gehen.

Zwanzig Minuten, 25 Minuten warten wir. Die Scheiben beschlagen.

»Ist etwas passiert?«, fragen wir, als nach weiteren zehn Warteminuten die Frau durch den Regen gelaufen kommt.

»Nein, wieso?«, erwidert sie und erklärt uns dann, dass diese Kapelle für sie, für alle Russen, von großer Bedeutung sei. Hier habe der berühmte … gewirkt. Wir fragen dreimal nach, doch jedes Mal verstehen wir den Namen des berühmten … nicht. Ein viertes Mal nachzufragen wäre zu peinlich. Jedenfalls hat dieser berühmte Heilige lange, sehr lange Zeit auf diesem Stein gesessen. Meditierend, als Eremit. Die Tiere des Waldes haben ihm nichts getan.

»Eine Replik dieses Steines gibt es in Russland. Aber hier liegt das Original.«

Nun stapft auch unser Fahrer durch den Regen heran.

Kurz darauf kommen wir ein drittes Mal an der Bushaltestelle mit den geduldig wartenden Hühnern vorbei, tuckern erneut die mit Pfützen übersäte Dorfstraße entlang, fahren weiter, bis wir einen winzigen Dorfladen entdecken. Unser Fahrer springt aus dem Auto, hinein in den Laden, zurück kommt er mit der Wegbeschreibung. Russischkenntnisse sind in Georgien von großem Vorteil!

Hinter der riesigen Dorflinde, vor einer Sandsteinmauer parken wir. Der Regen hat nachgelassen. Wir schlüpfen durch das kleine, unscheinbare Tor, vor uns öffnet sich eine Wiese, an deren Ende eine unscheinbare Kirche steht. Die Georgskirche. Schlichter Sandstein auch innen, einige Ikonen und eine Nonne, die vor einer kleinen Funsel sitzt und liest. Sie lächelt uns zu. Unsere Begleiter kaufen ihr viele dünne Kerzen ab, die sie in den Kerzenhaltern vor verschiedenen Ikonen und kunstvollen Bildern von Heiligen oder Marienabbildungen verteilen. Sie küssen die Ikonen und Bilderrahmen, dann zünden sie die Kerzen an. Unser Chauffeur beginnt mit tiefer Stimme zu singen. Welch ungeheure Akustik in der unscheinbaren Kirche. Welch ergreifende Stimme.

Kapitel 9

Swimming-Pool

Das Hinweisschild mit dem Swimming Pool, das wir im Wald gesehen haben, lässt uns nicht los. Darum wandern wir am nächsten Tag bei strahlendem Sonnenschein erneut los. Doch bevor wir den schmalen, steilen Pfad bergauf gehen, legen wir im Kurpark eine Trinkpause ein. Borjomi-Wasser, unbehandelt, kostenlos, direkt von der Quelle oder aus dem Zusammenfluss mehrerer Quellen, insgesamt weiß man von 57 Borjomi-Quellen. Ganze 24 Stunden soll die heilende Wirkung des Wassers anhalten. Katzen streichen um die Blumenbeete vor der offenen Abfüllhalle. Die Frau vor uns füllt fünf große Plastikflaschen mit dem Heilwasser. »Good«, sagt sie und hält beide Daumen nach oben, bevor sie uns am Wasserhahn Platz macht.

»Georgia – Home of Borjomi« – so wird man am Flughafen von großflächiger Werbung begrüßt. Borjomi – volcanic mineral water, in den meisten Restaurants in Georgien bekommt man dies serviert, wenn man nicht ausdrücklich eine andere Marke bestellt. Borjomi Wasser ist in Georgien das Synonym für Mineralwasser, es scheint d a s Wasser schlechthin zu sein. Ich bevorzuge allerdings Likani oder Nabeghlavi. Für mich schmeckt Borjomi-Mineralwasser zu schweflig und salzig. In Russland ist es dagegen sehr beliebt, fast die Hälfte des Borjomi-Exports landet dort. Genau wie beim Wein wird auch mit dem Mineralwasser Politik gemacht. Rein zufällig just in Zeiten politischer Spannungen zwischen Georgien und Russland werden schlechte Werte im guten Borjomi-Mineralwasser gemessen. Mineralwasser als politisch-wirtschaftliches Druckmittel.

Das sehr warme Wasser schmeckt schrecklich: sauer, faulig, schlecht. Ich muss mich überwinden, es nicht sofort wieder auszu-

spucken – und verzichte auf weitere Schlucke, egal wie gesund das
Wasser sein soll. Mit dem fauligen Geschmack im Mund wandern wir
bergauf. Wir kommen wieder am Schild des Heiligen vorbei, an der
Bushaltestelle, die nun ganz ohne Hühner in der Sonne liegt, biegen
wir rechts in den Wald hinein, den Fahrspuren folgend. Diese verschwinden aber schon nach 500 Metern im Nichts. Von dem von
Nordmanntannen beschatteten Felsenpool mit kristallklarem Wasser,
der in meiner Fantasie aufgetaucht war, ist weit und breit nichts zu
sehen, stattdessen ein schmaler Weg, der bergab führt. Halten sich
Bären eher im Nadel- oder im Laubwald auf? Und Wölfe? Der Tannenwald geht in Buchenwald über, durch dessen zartgrüne Blätter das
Sonnenlicht tanzt. Vom gestrigen Regen ist der Waldboden noch auf-
geweicht und rutschig. Bloß nicht in den Matsch fallen. Wir rutschen,
wir gleiten, wir schlittern, wir krabbeln, wir versuchen krampfhaft
das Gleichgewicht zu halten. Der aufgeweichte Weg ist jetzt so steil,
dass jeder Schritt Überwindung kostet. Was müssen das für grandiose
Pools sein, damit sich diese Mühe lohnt?

Unsere Beine sind von oben bis unten schmutzig, unter den Schuh-
sohlen klebt zentimeterdicker Dreck. Nach einer weiteren zehnminü-
tigen Rutschpartie lichtet sich der Wald, Wasserrauschen ist in der
Nähe zu hören. Gleich darauf stehen wir auf einer Lichtung, vor uns
der tobende Bach, dahinter Pools. Von wegen von Bäumen beschat-
tete heiße Quellen in Felsenpools, stattdessen blau gekachelte Becken,
in denen sich ein paar Badegäste aalen. Das haben wir uns anders
vorgestellt: romantischer, natürlicher, einsamer. Trotzdem liegen auch
wir einige Minuten später in dem 32 Grad warmen, wunderbar ent-
spannenden Wasser. Neben uns im Becken sitzt ein korpulentes, älte-
res Paar aus Litauen. Wir können uns kaum vorstellen, dass sie den
steilen, rutschigen Pfad hierhergekommen sind.

»Wie ist es ihnen auf dem Weg ergangen?«, frage ich.

»Wir mussten ab und zu eine Pause einlegen, dann ging es schon.
Der Weg ist ja gut«, meint der Mann, dessen runder Bauch wie eine
Insel über der Wasseroberfläche zu sehen ist. Der Weg ist ja gut – wie
müssen litauische Wege beschaffen sein, wenn diese matschige, pam-
pige Schlitterpartie ein guter Weg sein soll?

»Unsere Kondition ist nicht besonders gut«, fährt der Mann fort.

»Zu viel Bier, zu wenig Bewegung. Bergauf strengt besonders an, aber das haben wir ja hinter uns. Zum Glück.«

»Bergauf? Wir sind bergab gekommen«, erwidere ich.

Der Mann deutet mit dem Kopf bergab. »Wir den Weg, der vom Kurpark hierherführt.«

Tatsächlich. Im Reiseführer steht, dass sich dem Kurpark ein Vergnügungspark anschließt, wer von dort 30 Minuten weitergeht, gelangt auf einem meistens geteerten Weg zu den Pools.

Kapitel 10

Aversi

Ich schwitze, friere, habe wohl auch erhöhte Temperatur, bin erkältet, von fit kann keine Rede sein, sodass ich schon den ganzen Tag das Bett hüte. Bettina besichtigt die Burg von Akhaltsikhe. Ab und zu bringt mir Salome, eine junge Frau mit langen, lockigen Haaren und freundlichem Lächeln, eine Tasse Tee ans Bett. Sehr mütterlich streicht sie mir dann über den Arm oder tätschelt meine Wange und wünscht mir gute Besserung. Bis morgen möchte ich wieder auf den Beinen sein, denn morgen wollen wir nach Vardzia. Unter keinen Umständen möchte ich die Höhlenwohnungen verpassen, schließlich ist Vardzia einer der Gründe, weshalb ich in Georgien bin. Ich kann nicht noch einen Tag im Bett liegen, nicht jetzt, nur 70, 80 Kilometer von Vardzia entfernt. Mikael, in dessen kleinem Familienhotel wir in Akhaltsikhe untergekommen sind, hat sich angeboten, uns zur Höhlenstadt zu fahren. Leider hat er nur morgen Zeit, denn übermorgen wird er ein Schwein schlachten, zu Ehren eines langjährigen türkischen Freundes, der ihn tags darauf besuchen wird.

Ich brauche Medizin. – »Aversi is good«, sagt Salome, die an der Rezeption E-Mail-Anfragen beantwortet. Bei den Aversi-Apotheken werden die Medikamente kühl und sachgerecht gelagert und die Angestellten kennen sich aus, meint sie und bietet mir an, die Medizin für mich zu holen. Doch Salome hat so viel um die Ohren. Seit sie vor drei Jahren ihren Peter geheiratet hat, hilft sie im Hotel, sie ist für den Kontakt zu den Gäste verantwortlich und beantwortet die Buchungsanfragen. Wenn es im Restaurant besonders viel zu tun gibt, serviert sie auch das Essen oder springt in der Küche ein. Außerdem gibt es noch ihre zweieinhalbjährige Tochter – und das Englischstudium.

Auch ihr Mann Peter ist im Familienbetrieb voll eingespannt. Er kümmert sich um das Wohl der Gäste und um die Zimmerverteilung, kauft ein, abends bedient er, hilft hier und da und packt an, wo immer zwei zusätzliche Hände gebraucht werden. Alle arbeiten zusammen, um Hotel und Gaststätte am Laufen zu halten. Privatsphäre oder freie Tage oder Freizeit kennen sie nicht. Ich beharre darauf, den kurzen Weg selbst zur Apotheke zu gehen.

Die Apothekerinnen in ihren weißen Kitteln strahlen Kompetenz und Vertrauen aus. Liegt es daran, dass ich so leidend aussehe? Oder sind sie bloß höflich? Oder ahnen bereits alle, was kommen wird? Jedenfalls lassen mir alle Kunden den Vortritt. Leider sprechen die Apothekerinnen kein Englisch, genauso wenig die versammelte Kundschaft. Mir bleibt nichts anderes übrig, als meine Beschwerden vorzuspielen: Ich huste, röchle, niese, schnaube, ich sinke fast in die Knie und halte dabei meine heiße Stirn. Ich wische mir über meine glasigen Augen, lasse Arme und Kopf hängen wie eine Zimmerpflanze, die wochenlang ohne Wasser darben musste.

Die Apothekerinnen und alle Kunden raten gemeinsam und tun lachend ihre Vermutungen kund. Nach kurzer Diskussion scheinen alle übereingekommen zu sein, was mir fehlt. Eine der Apothekerinnen holt neun eingeschweißte Lutschtabletten, die sie aus einer großen Packung nimmt, dazu bekomme ich noch fünf Tabletten aus einem Röhrchen. Für die Medizin verlangt sie umgerechnet 65 Cent.

»Warum neun Lutschtabletten? Warum fünf aus dem Röhrchen?«, frage ich.

Die Antwort: »Medicin good.«

Zum Abschied winken alle.

Kapitel 11

Unterwegs

Am nächsten Morgen geht es mir deutlich besser. Gestern hat uns Mikael gefragt, um wieviel Uhr wir starten wollen. – Halb neun.
Mikael schüttelte den Kopf. »But 10 is normal.« Individuelle Wünsche scheinen zwar abgefragt, aber dann doch zu Gunsten der örtlichen Gepflogenheiten oder Befindlichkeiten ignoriert zu werden. Nach zehn sitzen wir in Mikaels blauem Honda Fit, mit dem Lenkrad auf der falschen Seite. Honda Fit – das Auto trägt einen hoffnungsmachenden Namen. Salome setzt sich auch ins Auto, sie freut sich über die Mitfahrgelegenheit zur Uni, denn die liegt nur einen kleinen Umweg entfernt. Ist deshalb zehn Uhr normal?

Schon sehr früh am Morgen ging ihr Töchterchen mit der Oma, Mikaels Frau, aus dem Haus. Die Oma ist vormittags Geografielehrerin, nachmittags bis spät am Abend steht sie in der kleinen Küche ihres Restaurants. Morgens nimmt sie die Enkelin mit, deren Kita gleich neben der Schule liegt. Die ganze Familie arbeitet Hand in Hand, alles greift, wie bei einem Uhrwerk ineinander.

»Gefällt es dir so?«, frage ich Salome.

Sie nickt. »Es ist gut so. Es macht Spaß. Und wir haben unser Auskommen. – Nur, meine Verwandtschaft vermisse ich. Für einen Besuch habe ich einfach zu wenig Zeit. Im Frühjahr und Sommer arbeite ich jeden Tag rund um die Uhr. Im Herbst und Winter ist es ruhiger. Vielleicht schaffe ich es dann meine Eltern, Geschwister und die Tanten wieder mal zu besuchen.«

Wir folgen dem Mtkvari talaufwärts, Richtung Türkei, dorthin, wo er entspringt. Der Mtkvari ist der längste Fluss Georgiens, er ist sogar etwas länger als der Rhein. Doch von seinen insgesamt 1.364 Kilometern fließt er nur 435 Kilometer durch Georgien. Das ist genug, um nicht nur der längste Fluss des Landes, sondern auch des Kaukasus zu sein. Im Gebirge gibt es zwar viele Quellen, angeblich bis zu 2.000, doch die Flüsse dort sind nicht allzu lang, oftmals münden sie in Bergseen oder versickern in Erdspalten. Der Mtkvari entspringt in der Türkei auf 2.650 Meter Höhe, durchfließt Georgien und Aserbaidschan, um dort im Tiefland der Transkaukasischen Senke auf dem Niveau von 28 Metern unter dem Meeresspiegel ins Kaspische Meer zu münden.

Hier, zwischen Vardzia und Akhaltsikhe ist der Fluss noch recht jung. Das Tal, das sich in den Sandstein geschnitten hat, ist ein Augenschmaus. Mal ist es sehr eng und steil, mal weitet es sich. Pappeln säumen das Ufer, die meisten stehen im Wasser, denn jetzt, im Frühjahr, sorgen Schmelzwasser und die starken Regenfälle der letzten Tage dafür, dass der Mtkvari über die Ufer getreten ist. Das Grün, vom knalligen Gelb des Löwenzahns durchdrungen, das sich die mal sanften, mal schroffen Berge hinaufzieht ist so intensiv, dass es für Glücksgefühle sorgt. Unsere beigeisterten »Ahs« und »Ohs« motivieren Mikael an den schönsten Plätzen zu halten. Sein Englisch verbessert sich mit jedem Kilometer, den wir uns von Akhaltsikhe entfernen. Liegt es daran, dass daheim Sohn und Schwiegertochter so gut Englisch parlieren und er deshalb Zuhause den Jüngeren die Kommunikation überlässt?

Auf einem kleinen Felsen sitzend und Kieselsteine in den Fluss werfend, streicht er seine dunklen Haare zurück und berichtet: »Früher, ganz, ganz früher, hieß der Fluss Kyros. Aber die Russen konnten den Namen nicht aussprechen, darum nannten sie ihn Kura. Mit unserer Unabhängigkeit hat der Fluss seinen georgischen Namen bekommen: Mtkvari.«

»Können das die Russen aussprechen?«, frage ich.

Mikael springt vom Felsen und zuckt mit den Schultern.

»Wie ist denn das Verhältnis zu den Russen?«, frage ich.

»Sie sind als zahlende Gäste willkommen«, antwortet Mikael, »aber nicht als diejenigen, die uns unser Land wegnehmen.« Sein Gesichtsausdruck verrät, dass er nicht weiter über dieses Thema reden mag. Das Verhältnis zwischen Georgiern und Russen ist alles andere als entspannt.

»Seht ihr die Burg da vorne?«, Mikael ist bemüht, das Thema zu wechseln.

»Khertvisi, eine der ältesten Burgen Georgiens. Es ist eine gute Stelle für eine Burg, hier wo der Paravani in den Mtkvari mündet.« Am Fuße der Burg hält der Honda Fit. Da ich alles andere als fit bin und meine Kräfte für Vardzia aufsparen möchte, steigen die beiden ohne mich den Berg hinauf zur Burgbesichtigung.

Ich gehe unterdessen zu den Walnussbäumen, deren Zweige erste zarte, noch hellgrüne Blätter zieren. Unter den Bäumen wird eine üppige Honigauswahl angeboten, auf übereinandergestapelten Brettern stehen jede Menge Behältnisse: Akazienhonig, Tannenhonig, Maulbeerhonig, Kastanienhonig, Wiesenblütenhonig, Sonnenblumenhonig.

»Unser Honig ist besonders gut. Teste!« Der dickbäuchige Honigverkäufer streckt mir ein Holzstäbchen entgegen.

»Danke, aber ich mag keinen Honig.«

Er schaut mich an, als hätte ich ihn veräppelt. Doch ich mag tatsächlich keinen Honig. Sorry. Eine lange Geschichte….

»Die kaukasischen Bienen haben einen besonders langen Rüssel. Sie kommen an den Nektar von Pflanzen, an die andere Bienen nicht kommen. Unser Honig ist gesünder als eurer, weil die Bienen weniger Pestiziden ausgesetzt sind. Unser georgischer Honig wird auch in der Europäischen Union verkauft. Du kannst ihn bedenkenlos probieren.«

Erneut startet er einen Versuch mit dem Holzstäbchen zum Kosten seiner üppigen Auswahl. Er ist ein guter Verkäufer, aber ich bin einfach die falsche Adressatin.

»Komm mit, in den Schatten«, lädt er mich dann in seinem guten Englisch ein, als er sieht, dass sein Honig bei mir nicht ankommt. Die Sonne brennt bereits. Gerne nehme ich seine Einladung an. Lewan, so stellt sich der Verkäufer vor, hat nicht nur Honig im Angebot, sondern auch Holzwaren. Wir setzen uns in seinen mobilen Verkaufswagen, in dem vorne die Auslagen zum Verkauf liegen: Holzbretter in verschiedenen Größen, Holzschalen, Wellhölzer. Dahinter stehen zwei Plastikhocker. Lewan holt eine Flasche hervor, gießt eine klare Flüssigkeit halbvoll in zwei Wassergläser.

»Tschatscha – Gagimardschos!«

»Gagimardschos – Prost!« Ich nippe – es brennt. Tschatscha, georgischer Tresterschnaps. Ein Teufelszeug! Ölig und samtig und zugleich brennend.

Lewan hat sein Glas bereits geleert. »Trink! Tschatscha ist Medizin!«

Ich nippe erneut, Lewan lacht. »Trink!« Bei Alkohol dulden die Georgier keinen Widerspruch. Lewan gießt sich erneut Tschatscha ins Glas. »Gagimardschos!«

Dann zeigt er auf die Holzarbeiten. »Habe ich alles selber gemacht«, sagt er stolz und wischt sich Schweißtropfen von seiner Halbglatze. »Im Winter arbeite ich mit Holz, mache die Schalen und Schneidebretter. In den Sommermonaten verkaufe ich sie dann.«

»Laufen die Geschäfte gut?«

Lewan nickt zufrieden. »Ich habe den Stand hier an der Burg gemietet und einen im Kurpark von Borjomi. Ich wohne zwar in Borjomi, aber ich bin lieber hier in Khertvisi, hier ist es ruhiger.« Lewan gießt sich nochmal nach und hebt sein Glas: »Auf gute Geschäfte! Und auf die Freundschaft!«

»Gagimardschos!«

Ich halte meine Hand jetzt permanent über das Wasserglas, damit Lewan nicht nachgießt. Von Borjomi nach Khertvisi sind es ungefähr 100 Kilometer, auf einer schlaglochübersäten Straße.

»Fährst du die Strecke jeden Tag?«, frage ich.

Lewan nickt. »Morgens hin, abends zurück. Im Frühjahr und Sommer jeden Tag.«

Er hebt schon wieder sein Glas für einen Trinkspruch. »Auf die Straßen Georgiens!«

Hoffentlich sind die Straßen Georgiens breit genug und menschenleer, wenn Lewan abends zurück nach Borjomi fährt. Auf georgischen Straßen gilt nämlich die 0,0 Promille Grenze. Trunkenheit am Steuer wird mit sechs Monaten Führerscheinentzug geahndet.

»Gagimardschos!«

Lewan scheint meine Gedanken zu erraten, er grinst lausbubenhaft. »Für die Heimfahrt hole ich mein grünes Taxischild aus dem Kofferraum. Taxifahrer werden so gut wie nie angehalten«, erklärt er mir grinsend. »Fünf Fahrstunden genügen und wenn du gute Kontakte zur Polizei hast, brauchst du auch keine Prüfung machen. Ein Taxiunternehmen gründet man bei uns, indem man ein Taxischild kauft. Manchmal bin ich tatsächlich Taxifahrer.«

Irgendwie gelingt es Lewan, mein Glas erneut zu füllen. Als die anderen von der Burgbesichtigung zurückkommen, bemühe ich mich aufzustehen und ohne zu schwanken zum Auto zu gehen.

Kapitel 12

Wo die Felsen Augen haben

Der Berg Eruscheti schaut uns aus Hunderten von Augen an. Wir können den Blick nicht von seiner 500 Meter hohen Wand wenden. Endlich Vardzia! Endlich ist der Traum von damals Realität! Und was für eine! Absolut fantastisch!

»Früher war das einfach eine Felswand«, erklärt Mikael, der in den letzten Jahren genügend Touristen nach Vardzia gefahren hat, um selbst Fremdenführer zu sein. »Früher gab es nur geheime, gut getarnte Eingänge am Fluss, die nur die Bewohner der Höhlenstadt kannten. Oder man gelangte über Leitern, die dann eingezogen wurden, hinauf. Durch ein gewaltiges Erdbeben sind die Wohnungen und Räume sichtbar geworden.«

Hier in diesem Tal endet Georgien, hinter den Bergen ist schon die Türkei. Vor den Türken sollte Vardzia einst Schutz bieten. Und vor den Persern und den Mongolen. Die Höhlenstadt war eine uneinnehmbare Grenzfestung, die König Giorgi III. erbauen ließ. Genauer gesagt gab es Vardzia schon zuvor, vielleicht als Einsiedelei oder als eine Gemeinschaft von Mönchen, die sich hierher zurückgezogen hatten. Doch erst Giorgi III. und seine Tochter Tamara ließen Vardzia zu seiner gewaltigen Größe ausbauen: Bis zu 2.000 Zimmer, Säle und Kammern, manche Quellen nennen sogar 3.000 Räume, die durch Höhlen, Tunnel, Terrassen, Galerien und Treppen auf sieben Stockwerken labyrinthartig miteinander verbunden waren, wurden der steilen Felswand vor 800 Jahren abgetrotzt. In Vardzia gab es nicht nur Wohnungen, sondern auch Bäckereien, eine Bibliothek, eine Kirche, eine Apotheke, Weinkeller, Werkstätten, Schatzkammern, Ställe, Badebassins, das Wasser kam aus dem Innern des Berges und floss in Keramikleitungen.

Die Infrastruktur war so umfangreich wie die einer Stadt. Ein monumentaler Schutzraum für bis zu 50.000 Menschen.

In diesen Räumen wird Tamara nächtelang gesessen haben, um mit ihren Räten und Vertrauten Strategien gegen die Feinde auszuarbeiten. Tamara – König Tamara, sie wollte keine Königin sein, sie wollte ein starker König sein.

Vielleicht lag es daran, dass das Wort Königin »dedop'ali« immer die Frau des Herrschers bedeutet, also immer die Untergeordnete, nicht die Nummer 1 im Staat. Doch Tamara wollte die Nummer 1 sein – und sie war die Nummer 1! Vielleicht, wollte sie auch ein starker König und keine Königin sein, weil sie sich gegen viele Männer durchsetzen musste und viele interne Machtkämpfe zu überstehen hatte.

Schon mit zwölf wurde sie König, oder besser Co-König, denn fünf Jahre regierte sie zusammen mit ihrem Vater. Sie genoss sozusagen eine Ausbildung zum König. Nach des Vaters Tod übernahm sie die Staatsgeschäfte: König Tamara modernisierte das Staatswesen, führte Bürgerrechte und Rechtsstaatlichkeit ein, schuf Gerichte, verbot die Todesstrafe und das Verstümmeln von Straftätern. Sie ließ Kirchen und Klöster errichten und förderte Wissenschaft, Wirtschaft und Kunst. Sie führte siegreiche Kriege, sodass Georgien expandierte und sein goldenes Zeitalter begründete. Eine Zeit, auf die die Georgier heute noch besonders stolz sind. Als König Tamar nach 29 Regierungsjahren im Jahr 1213 starb, wollte sie, dass das ganze Land ihr Grab werde. Es heißt, in der Kirche, in der ihre Leiche aufgebahrt war, sollen vier verschlossene Särge in vier Himmelsrichtungen gebracht worden sein. In jedem der Särge hätte König Tamar liegen können. Die Männer, die die Särge getragen haben, so heißt es weiter, hätten danach Selbstmord begangen, um nichts verraten zu können. Es bleibt also bis heute ein Rätsel, wo König Tamara begraben liegt. Vardzia gehört jedenfalls nicht zu den Orten, über die spekuliert wird. Heutzutage finden wir den weiblichen König Tamar ganz einfach: Er ist auf den 50-Lari-Scheinen abgebildet.

Es muss eine furchtbar anstrengende Arbeit gewesen sein, die Höhlen, die langen Gänge, die Tunnel, die Treppen in den Felsen zu graben.

Doch der Druck die Höhlenstadt zu erschaffen war immens. Denn die Alternative zum Bau von Vardzia wäre vermutlich gewesen, Gefangene der Osmanen, Mongolen oder Perser zu werden oder bestenfalls deren Kultur und Lebensstil übergestülpt zu bekommen. So aber galt Vardzia als eine der bestbewehrten Festungen.

Trotzdem haben es die Osmanen geschafft, Vardzia zu erobern. Aber nicht durch Kampf, sondern durch List und Verrat, denn einer der Bewohner hat die Lage der unterirdischen Gänge verpfiffen. Wieviel den Osmanen diese Perfidie wohl wert war? Jedenfalls eroberten und plünderten sie die Höhlenstadt, Vardzia und die ganze Region wurde dem Osmanischen Reich einverleibt, die Bevölkerung im günstigen Fall islamisiert, im schlimmeren Fall vertrieben oder gar getötet. Die Region verwaiste.

Trotz der Selfie schießenden Touristen um mich herum spüre ich die Stille, die in diesem Tal herrscht. Ich kann verstehen, dass Tamara sich in diese Abgeschiedenheit zum Fasten, zur inneren Einkehr und zur Beratung zurückgezogen hat. Ich blicke auf die samtenen, grünen Hügel unter uns, auf den über die Ufer getretenen Fluss, auf die schroffe gegenüberliegende Felswand, in der sich auch Höhlen ausmachen lassen. Eine archaische Landschaft. Gürcistan, nennt man Georgien in der Türkei, diese Landschaft ist Gürcistan.

Auf einem Treppenabsatz, der auf einem Felsvorsprung erbaut ist, ist ein Glockenturm zu sehen, wobei »Glockenturm« ein hochtrabender Begriff ist für drei an einer Holzstange baumelnde Glocken, die zu der in den Stein gehauenen Klosterkirche gehören. Wir betreten den großen Saal mit dem Tonnengewölbe. Es riecht nach Kerzen, Weihrauch, Staub, Geschichte und Frömmigkeit. Es dauert, bis sich die Augen an die Dunkelheit gewöhnen, denn nur ein kleines Oberlicht und Kerzen sorgen für Licht. Ganz in der Ecke verkauft eine Nonne schmale, gelbe Kerzen und religiöse Souvenirs, dort sorgt die obligatorische Funzel für schummriges Licht. Zwei Besucherinnen beratschlagen, welche Ikonenbildchen sie kaufen sollen. Sie werden von der Nonne ermahnt, leiser zu reden. Mit der Zeit lassen sich die bunten Fresken an den Wänden erkennen. An der Westwand sind

König Giorgi III. und König Tamara zu sehen. Mit gütigen Gesichtszügen schaut Tamara zu ihrem imaginären Gegenüber. Sie trägt einen
roten, gemusterten Mantel und eine weiße Kopfbedeckung. Nur
dieses Fresko und ein weiteres im Kloster Kintsvisi gibt es von König
Tamara, der heiliggesprochenen Tamara.

Draußen blendet die Helligkeit. Auf einem Hocker sitzt eine junge
Nonne, vielleicht eine Novizin, tief gebückt schaut sie auf das Display
ihres Handys. Sie scheint die Welt um sich herum vergessen zu haben.
Irgendwann hebt sie doch den Kopf, wir lächeln uns an, sodass ich
mich ermuntert fühle, sie zu fragen, aus welchem Kloster sie denn
komme. Ihre Antwort ist kurz: »Aus Zemo Vardzia, nicht weit von
hier.« Dann bedeutet sie mir, dass sie nicht mit Fremden plaudern
darf, nur kurze Verkaufsgespräche in der Kirchenecke sind erlaubt.

Stockwerk für Stockwerk steigen wir schmale, steile Treppen
hinauf, drücken uns an engen Durchgängen entlang, staunen, dass ein
wackliges Geländer auch dann Schutz bieten soll, wenn es 100 Meter
senkrecht ins Tal geht. Zwar rinnt mir der Schweiß von der Stirn, aber
ich denke weder ans Kranksein, noch an Hunger oder Durst. Vardzia
ist so phänomenal, dass alle irdischen Bedürfnisse verfliegen.

Kapitel 13

Keine Nachwuchsprobleme

Später, als wir im Auto sitzen, bitten wir Mikael weiter flussaufwärts zu fahren, nach Zemo Vardzia. Mikael schaut skeptisch, gibt vor das 1995 gegründete Nonenkloster nicht zu kennen. Doch die Straße ist gut, die Landschaft ist herrlich, Mikael ist leicht zu überreden und gibt Gas. Nach drei, vier Kilometern sehen wir ein Schild, das ein Kloster zeigt. Mikael biegt in das Seitental ein. »Ich glaube, ich war vor vielen Jahren doch einmal hier«, sagt er. »Aber damals war die Straße schrecklich.«

Wir fahren an Feldern vorbei, an blühenden Obstbaumwiesen, an Gemüsebeeten, an einem Gewächshaus. Kühe stehen auf der Straße und machen uns nur widerwillig Platz.

»Die Nonne war noch so jung«, sage ich zu Mikael.

Er nickt. »Seit unserer Unabhängigkeit 1991 hat der orthodoxe Glaube eine starke Anziehungskraft. Die Leute sind zu Zeiten der Sowjetunion zwar auch gläubig gewesen, aber sie hatten keine Möglichkeit, ihren Glauben öffentlich zu leben. Heute werden sogar neue Klöster gegründet – für Männer und für Frauen.«

»Keine Nachwuchsprobleme?«, frage ich und denke an deutsche Klöster mit ein paar, vor allem alten Mönchen oder Nonnen, die mit viel Mühe versuchen, ihr Kloster am Laufen zu halten.

»Keine Nachwuchsprobleme!«

Der Honda Fit hält vor drei steinernen Wohngebäuden mit verzierten Balkonen aus hellem Holz. Zemo Vardzia, das Kloster ist umrahmt von einem Frühlingstraum aus blauen und gelben Schwertlilien. Eine junge Nonne kommt uns entgegen und hält einen uralten Schlüssel hoch. Sie will uns ein Kirchlein zeigen, das abseits der

Wohngebäude steht. Auch um das Kirchlein wachsen überall blaue Schwertlilien.

»Eigentlich dürfen wir mit Fremden nicht reden«, sagt nun auch diese Nonne. Aber unhöflich möchte sie auch nicht sein. Während sie das Kirchlein aufschließt, stellt sie sich als Mari vor. Mari, die Novizin. »Die Kirche ist aus dem 11. Jahrhundert«, berichtet Mari in hervorragendem Englisch. Innen erwartet uns wieder ein Fresken-Augenschmaus.

»Der Archimandrit des Mönchsklosters in Vardzia steht auch unserem Kloster vor. Er entscheidet für uns, auch in wirtschaftlichen Belangen«, berichtet Mari, die sichtliches Vergnügen daran hat, ihr Englisch auszuprobieren.

»Archimandrit?«

»Archimandrit, der Vorsteher eines Klosters«, erklärt Mari.

»Ein Mann hat hier das Sagen?«

Mari nickt. »Zu Zemo Vardzia gehören eine Imkerei, Obstgärten, Felder und Kuhweiden, Forellenteiche und eine Schweinezucht, das alles bewirtschaften wir. Aber auch ohne den Archimandrit wissen wir genau, was zu tun ist.« Mari errötet leicht, gilt dieses Selbstbewusstsein vielleicht schon als Überheblichkeit oder gar als kleine Sünde?

»Gefällt es dir im Kloster?«, möchte ich von ihr wissen.

»Oh ja, sehr, ich möchte so schnell wie möglich Modschili werden«, meint sie eifrig. »Modschili ist noch keine richtige Nonne, aber mehr als eine Novizin, vielleicht eine Halbnonne. Als Modschili darf ich immer noch ins andere Leben zurückkehren, wenn mir das Leben im Kloster nicht gefällt. Als Nonne kann ich nicht mehr zurück. Aber ich will Modschili und dann Nonne werden, denn ein Leben im Kloster ist genau das, was ich möchte.« Sie lächelt und fordert uns freundlich aber bestimmt auf, nun die Kirche zu verlassen.

Ich bin fasziniert von ihrer festen Überzeugung und Klarheit, dass das Klosterleben ihre Zukunft ist. Auf dem Weg zum Auto denke ich: Wenn Nonne, dann hier in Zemo Vardzia, inmitten dieser herrlichen Umgebung, in dieser Stille, umgeben von blauen und gelben Iris-Blüten.

Kapitel 14

Retro Maschin

Wir wohnen bei Nukri und seiner Frau Tea. Nukri ist noch keine 50, aber bereits Rentner. Der hochgewachsene Mann war Soldat und wurde ausgemustert. Tea ist Grundschullehrerin. Auf ihrem großen Anwesen wachsen nicht nur viele Trauben, die Nukri zu etwas gewöhnungsbedürftig saurem Wein verarbeitet. Hier ist auch ausreichend Platz für ein paar Zimmer, die an Fremde vermietet werden. So sattelte Nukri vom Soldaten zum Zimmervermieter um, während Tea nach der Schule für die Gäste kocht. Beide sprechen kein Englisch, wir bekanntermaßen weder Georgisch, noch Russisch. Aber Nukri behilft sich mit Google Translator.

»Möchtet ihr ins Stalin Museum?«, bellt er in soldatischem Kommandoton ins Smartphone. Bei der Kommunikation scheint es mit dem Umsatteln von Soldat auf Zimmerwirt noch nicht zu klappen.

Wir sind zwar in Gori, der Geburtsstadt Stalins, aber in sein Museum zieht es uns noch nicht. »Wir wollen lieber nach Uplistsikhe.« Höhlenstädte mit Felsenwohnungen haben es uns angetan.

Nukri nickt und meint in einem Ton, der uns beinahe strammstehen lässt. »Uplistsikhe good. – Ich kann euch fahren.« Immerhin deutet er nach dem Satz noch ein Lächeln an. Fünf Minuten später steht Nukri in Plastikschlappen, bunten Shorts und verwaschenem T-Shirt vor seinem Auto. »Retro Maschin«, sagt er lachend.

Ich staune, wegen des Lachens, aber auch wegen des Autos. »Retro Maschin« ist ein 40 Jahre alter Lada in tarnbeige. Ein Auto, das früher im Ostblock zur gehobenen Mittelklasse gehörte.

»Good car«, meint Nukri und klopft aufs Autodach, als würde er einem Freund anerkennend auf die Schulter klopfen. Als wir eingestiegen sind, zückt er nochmals sein Handy und sagt dem Übersetzungsprogramm: »Lada heißt soviel wie Liebchen.« Dazu streichelt Nukri kurz über das Lenkrad seines Liebchens. Auf dem durchgesessenen Rücksitz spürt man jede noch so leichte Bodenwelle. So erlangen wir ausgezeichnete Kenntnis von der Beschaffenheit des Straßenbelags. Wir haben die Stadtgrenze noch nicht passiert, als Nukri in den nächsthöheren Gang schalten möchte, doch sein Liebchen muckt und macht ein unangenehmes Geräusch. Obwohl sich Nukri Mühe gibt, klappt es mit dem Schalten nicht.

»No problem«, sagt er mit zuversichtlichem Gesichtsausdruck und versucht es gleich ein zweites Mal. Doch das Liebchen bockt und gibt ein Geräusch von sich, das jetzt noch besorgniserregender klingt als das zuvor. Nukri bleibt cool: »No problem.«

Wir sind froh, dass das Auto nicht schnell fährt, beziehungsweise im Moment überhaupt nicht schnell fahren kann. Beim dritten Schaltversuch wird es dem Liebchen zu dumm. Ein Ächzen, ein Krachen, ein Schleifen, die Geräusche stimmen sogar den optimistischen Nukri um. »Problem«, sagt er und stoppt.

Das Problem ist gewaltig. Das Liebchen steht mitten auf der Straße und hat nur noch drei Räder. Der Lada hat einen Achsbruch, ein glatter Durchbruch. Wir begutachten den Schaden, während ein alter Mann mit einer Zigarette im Mundwinkel das verlorene Rad herrollt. Vielleicht ist »Retro Maschin« doch ein bisschen zu sehr retro?

Nukri hält den nächsten Wagen an. Drei starke Männer steigen aus, schauen kurz zum Liebchen, kratzen sich am Nacken, lachen, dann packen alle an. Ein paar Sekunden später steht das Liebchen am Straßenrand.

»No problem«, meint Nukri wieder und greift zum Telefon. Er ruft einen Freund an, der Zeit und ein Auto hat, um uns nach Uplistsikhe zu chauffieren. Wir sind gerührt, dass sich Nukri als erstes um unser Wohl kümmert.

Sein Freund heißt Giorgi – wie auch sonst. Giorgis alter Opel sieht vertrauenerweckend aus, bis auf die blinkende Tankanzeige. »Normal«, antwortet Giorgi auf unseren Hinweis. »No problem.«

Wir sind etwas skeptisch, denn mit »no problem« haben wir in der letzten Stunde unsere spezielle Erfahrung gemacht. Weit kommen wir auch nicht, vielleicht zwei, drei Kilometer, dann geht nichts mehr. Aber es liegt nicht am fehlenden Benzin, sondern am tierischen Gegenverkehr. Das Auto ist umringt von Hunderten, vielleicht sogar von Tausenden von Schafen. Viele weiße, braune und auch einige schwarze Schafe trotten uns auf der Straße entgegen. Schaf an Schaf, Fell an Fell, kein Millimeter Platz ist zwischen ihnen. Die Blicke aus so manchen Schafsaugen verraten puren Stress. Die Herde wird mit reitenden Cowboys – oder in diesem Fall wohl eher Sheepboys – und Hunden auf der schmalen Straße entlanggetrieben. Es blökt, es wuselt, es meckert, es stinkt, es wird wiedergekäut. Ob die Schafe jetzt, im Frühjahr, auf die saftigen Wiesen des Kleinen Kaukasus getrieben werden? Almauftrieb auf Georgisch? Wir hoffen es, denn die Alternative wäre sicherlich Schlachthof.

Endlich geht es weiter, aber nur 200 Meter, dann kommen weißbraune Rinder die Straße entlang. Sehr viele Rinder, die Straße ist genauso voll wie zuvor. Giorgi lehnt sich entspannt zurück und erzählt uns, dass es seit einigen Jahren ein neues Gesetz gibt, das besagt, Rinder dürfen nur in ausgewiesenen Schlachthöfen geschlachtet werden. Diese Schlachthöfe erfüllen bestimmte Standards. Dummerweise gab es in ganz Georgien anfangs nur zwei davon. Zwei Schlachthöfe in einem Land der begeisterten und fortwährenden Fleischesser! Explodierende Fleischpreise waren die Folge. Erst nach und nach wurden neue Schlachthöfe gebaut. Erst nach und nach geht es auch bei uns weiter.

Am Abend treffen wir Nukri wieder. Er ist guter Dinge, denn sein Liebchen darf in zwei Tagen wieder nach Hause.

Kapitel 15

Eine Arbeit, die kein Ende nimmt

Am nächsten Tag holt uns Giorgi erneut ab, wir wollen ins Tana-Tal. Warum ausgerechnet das Tana-Tal, möchte er wissen. Weil es im Reiseführer als besonders schön beschrieben wird. Nach dieser Antwort schaut Giorgi verwundert drein. »Das Tana-Tal ist schön«, bestätigt er. »Aber es ist so schön wie jedes andere Tal in Georgien.«

»Aber im Tana-Tal sollen die ältesten Spuren georgischer Geschichte gefunden worden sein«, entgegne ich. Giorgi brummelt vor sich hin. Seine Laune scheint heute nicht besonders gut zu sein.

Alle Georgier, die wir bisher getroffen haben, auch Giorgi, sind stolz auf ihr Land und lieben es. Sie lieben die Landschaft, ihre Geschichte, ihr wehrhaftes Verhalten, mit Inbrunst schwärmen sie von der Küche und den einzelnen Regionen, aber irgendwie sehen sie sich nicht als Teil des Landes, so wie es heute ist. Häufig wird über die Verhältnisse im Land lamentiert. Heute schlägt Giorgi's Stunde des Lamentierens. Er beginnt mit der schlechten Straße, zeigt auf die baufälligen Häuser, kommt dann zu den Verhältnissen im Land, die er unmöglich findet. Besser zwar, als in den schlimmen Zeiten in den 90er Jahren, das betont er, aber immer noch schlimm. Er schimpft auf die Gerichte und auf die Staatsanwälte, die Unterlagen verschwinden lassen.

»Ich dachte, die Korruption sei in den letzten Jahren stark zurückgegangen«, sage ich.

»Das stimmt. Die Polizei ist wirklich besser als früher. Früher waren die Polizisten Banditen und Straßenräuber, die immer nur Schmiergelder wollten. Saakaschwilis Polizeireform hat geholfen. Es war gut, dass er alle Polizisten auf einmal entlassen und neue eingestellt hat. Damit hat er das Gift Korruption bekämpft. Und er hat die schikanöse Bürokratie verbessert. Aber trotzdem fehlt überall das Geld für Erneuerung. Schau dich doch um.«

Tatsächlich ist die Straße übersät mit Schlaglöchern. Die großen Tore, die zu den Bauernhöfen führen, sind alle rostig, manchmal lässt sich der grüne oder blaue Anstrich vergangener Jahre noch erahnen. Die meisten Häuser sind in beklagenswertem Zustand.

»Was könnt ihr als Georgier tun?«, frage ich.

Giorgi zuckt mit den Schultern. »Was sollen wir schon tun?«, sagt er fast schon resigniert, denn kein Bisschen Hoffnung schwingt in seiner Stimme mit.

Demokratische Strukturen und eine solide Wirtschaftspolitik sind die Basis, aber bis zum flächendeckenden Wohlstand ist es in Georgien noch ein weiter Weg, der viel Geduld braucht. Und Geduld scheint Giorgi heute nicht zu haben. Er hupt einen Hund weg, der mitten auf der Straße in der Sonne döst. Gestern noch ist er um Hunde, die auf der Straße eine Pause einlegen herumgefahren.

Das Tal ist malerisch, grün, überall wächst Wein, der oben an den steil aufragenden Hängen von Wald abgelöst wird. Je weiter wir ins Tal hineinfahren, umso enger wird es und umso höher werden die steilen Berge. Das Tana-Tal ist eine spröde Schönheit. Wir fahren durch Patara Ateni, einen Weinanbauort, Wäsche trocknet im Frühlingswind, Weinreben ranken an den Häusern und wie ein Spalier über die Straße. In der Hitze des Sommers muss dies ein wundervoll schattenspendendes Blätterdach sein.

»Der Wein hier wächst auf gutem Boden, auf Vulkangestein«, erklärt Giorgi, der nun weniger lamentiert, dafür wieder mehr über seine Heimat berichtet. »Die georgischen Rebsorten gehören zu den ältesten der Welt. Die weiße Traubensorte ist hier in Innerkartlien hauptsächlich Chinuri, sie ist typisch für unsere Region und eignet sich auch für den georgischen Sekt, den Champanuri. Ihr müsst ihn probieren. Georgischer Wein ist der beste.«

Bevor Giorgi am Vormittag schon den nächstbesten Weinkeller ansteuert, machen wir ihm klar, dass wir zur Ateni Sioni Kirche möchten, die am Talschluss auf einem Hügel steht. Bevor uns Giorgi aussteigen lässt, erklärt er: »Sioni bedeutet Berg Zion, einer der Berge auf denen Jerusalem gegründet wurde.« Jetzt ist er wieder ganz der lokale Guide, der sich auskennt und sich über unser Interesse an seinem Land erfreut, die schlechte Laune ist verflogen.

Zedern und Zypressen schmeicheln den alten Klostermauern. Zwei Pfauenaugen tanzen um gelbe Löwenzahnblüten. Ein Mönch schaut mürrisch, als wir gleich hinterm Eingangstor die Erdbeeren und die Reben bewundern, die den Klostergarten zieren.

»Der Wein ist der Ruhm eines jeden Klosters, denn die Weinkultur stammt von den Mönchen«, hatte uns ein Mönch in einem der zahlreichen Klöster erzählt, die wir mittlerweile auf unserer Reise besichtigt haben. Wir bleiben an den Auslagen des kleinen Klosterladens stehen und bedeuten dem Mönch, dass wir gerne Erdbeeren kaufen würden. Unser Kaufinteresse ignorierend, dreht er sich abrupt um und verschwindet. Auch seine Laune scheint heute nicht besonders gut zu sein.

Zu unserem Bedauern ist das Kirchlein Ateni Sion eingerüstet. Eine Frau, die mit zwei Kindern hergekommen ist, sieht unsere Enttäuschung. »Sie ist schon lange eingerüstet, denn die Kirche wird von Grund auf saniert«, erklärt sie in gutem Englisch und schaut nebenbei nach den Kindern. »So wird unser Kulturerbe erhalten und die Schönheit der Kirche wieder sichtbar gemacht. – Ich komme öfters hierher, weil dies ein besonderer Platz ist, aber auch um die Fortschritte der Sanierung zu sehen. Aber es dauert lange, oft passiert an den Außenmauern wochenlang, manchmal sogar monatelang nichts.«

Die »National Agency for Cultural Heritage Preservation of Georgia« kümmert sich um historisch bedeutende Bauwerke, aber anscheinend nicht gut genug. Dabei sind die Kulturgüter nicht nur fürs Nationalgefühl wichtig, sondern auch für den Tourismus. Wir umrunden den Kreuzkuppelbau mit den vier Apsiden, und den ebenfalls vier rechtwinkligen Nischen. Ateni Sioni ist eine Rarität aus dem 7. Jahrhundert, sie ist ein Typus von Kirche des südlichen Kaukasus, der in dieser Art nur während einer relativ kurzen Zeitspanne gebaut wurde. Auch deshalb gehört die Kirche zu den historisch bedeutenden Bauwerken, aber auch wegen ihrer Wandmalereien im Innenraum. Drinnen ist es fast dunkel, bis auf die üblichen Kerzen und ein paar kleine Fenster in luftiger Höhe. So langsam gewöhnen sich die Augen an die Dunkelheit, zu sehen sind herrliche Fresken, aber auch fast schwarze Wände, wie von Ruß überzogen. Auch im Innern der Kirche ist ein Gerüst angebracht. Ein Mann ermuntert mich, nach oben zu klettern.

Ganz oben, in der dritten Gerüstetage sitzt eine Frau, zierlich, schmal, dunkelhaarig, die im Schein einer Stehlampe die Fresken abzeichnet. Nino ist Restauratorin, ihr Arbeitsplatz liegt in schwindelerregender Höhe. Trotz der Wärme draußen, ist es in der Kirche kalt. Nino trägt eine dicke, braune Strickjacke und Winterstiefel. Je nach Lichtverhältnissen arbeitet sie von 9 bis 19 Uhr, sonntags hat sie frei. »Es ist der Beruf meines Lebens und die Aufgabe meines Lebens«, meint sie zufrieden lächelnd. Manchmal bekomme sie Unterstützung von einem Restaurator, aber oft arbeite sie allein. – All die Fresken, Schriften und Malereien dieser Kirche zu restaurieren ist viel mehr als in einem Leben zu schaffen ist!

Ninos Lieblingsfresken sind die Erzengel Michael und Gabriel, »meisterhafte Wandmalereien aus dem 10. Jahrhundert«, schwärmt sie. Dann deutet sie auf kaum lesbare Schriften: »Sie sind besonders wertvoll, denn sie sind in verschiedenen Sprachen geschrieben, ungefähr 800 Beschriftungen soll es hier geben, manche sind direkt auf die Fresken geschrieben, manche liegen unter älteren Schichten. Für Wissenschaftler sind sie von großer Bedeutung, allerdings ist noch nicht klar, wie alle Schriften lesbar gemacht werden können ohne die Fresken zu zerstören.«

»Hat es in der Kirche mal gebrannt?«, frage ich auf den schwarzen Belag an einer Wand deutend.

Nino schüttelt den Kopf und erklärt: »Gebrannt hat es nicht, aber unsere Kirchen sind oft an Orten errichtet worden, an denen früher heidnische Heiligtümer standen. Als das Christentum Staatsreligion wurde, verdrängte es die heidnischen Sonnen- und Opferkulte. Aber über Jahrhunderte wurden an den alten Kultorten weiterhin Tieropfer dargebracht – an manchen Orten gibt es sie sogar noch heute. Vor der Kirche werden dann Schafe geschlachtet, die beim Gotteshaus gekocht oder gegrillt werden. Rauch und Ruß des Feuers ziehen dabei in die Kirche. Obwohl hier in Ateni Sioni schon lange keine

Tieropfer mehr dargebracht werden, hat sich der Ruß über die Zeit hartnäckig gehalten.«

Nino wendet sich wieder ihrer Arbeit zu. Eine Arbeit, die nie enden wird.

Kapitel 16

Vater der Völker

Wir können nicht in Gori sein, ohne das Stalin-Museum gesehen zu haben.

»Nukri, was hältst du von Stalin?«

Google Translator übersetzt Nukris Wortschwall: »Ein guter Mann. Es ist gut, dass Iosseb Besarionis dse Jughaschvili hier geboren wurde. Sonst würde es das Museum nicht geben und niemand würde sich für Gori interessieren. Wovon sollten wir sonst leben? Durch Stalin vermieten wir Zimmer. Es kommen Russen und immer mehr Westeuropäer wie ihr. Die Besucher essen alles, was Tea auf den Tisch stellt. Stalin – ein guter Mann!« Mit lauter Stimme fügt er hinzu: »Kleine Völker brauchen große Männer!«

Tea bringt das Frühstück: Bratkartoffeln, Weißbrot, Tomaten, Zwiebeln, Schafskäse, Wurst, Kräuter, Oliven, Äpfel und Marmelade. Und Kaffee. Sie lässt durch Google Translator ausrichten: »Stalin war als Kind gut. Seine Mutter Keke war die Tochter einer Leibeigenen, sie arbeitete hart und soll sehr nett gewesen sein, auch zu ihren Nachbarn und sie habe schön gesungen. Der kleine Iosseb nannte sich Soselo und schrieb Gedichte. Das ist doch schön.« Es klingt, als wäre Tea eine gute Bekannte von Stalins Mutter Keke und würde sich mit ihr hin und wieder auf ein Tässchen Tee treffen. Wobei Keke dafür wahrscheinlich überhaupt keine Zeit gefunden hätte, denn sie arbeitete vor allem als Putzfrau und der kleine Soselo musste seiner Mutter dabei helfen.

Vielleicht haben Tea und Nukri einfach gelernt, Gutes über den Diktator zu sagen, weil er zu ihrem Auskommen beiträgt. Außerdem gilt in Georgien, vielleicht mehr noch als anderswo, dass man nichts

Schlechtes über Tote sagt. Nicht einmal, dass der Vater des kleinen Iosseb Alkoholiker war und Frau und Kind regelmäßig verprügelte.

Die Stalinallee oder der Stalinboulevard ist die Hauptachse von Gori, ein Boulevard muss es für den Generalissimus, den großen Führer der Sowjetunion schon sein. Stalinboulevard Nummer 32, das ist sein Tempel, das Stalin-Museum in sozialistischem Zuckerbäckerstil. Im Jahr 1957 wurde es als Huldigung an den verstorbenen Diktator eröffnet. Schon vor dem Museum grüßt der überlebensgroße Stalin von einem steinernen Sockel herunter. Jemand hat ihm frische Blumen zu Füßen gelegt. Bereits beim Betreten der ehrwürdigen Hallen schreitet man auf einem roten Teppich, der sich zwischen Säulen auf einer Marmortreppe fortsetzt. An ihrem Ende steht die nächste Stalin-Statue, die gerade von asiatischen Besuchern belagert wird, die sich gegenseitig mit dem Vater der Völker ablichten. In Saal eins: ein Gedicht des kleinen Soselo, sechs seien überliefert, und Wandteppiche mit Porträts des großen Stalin. Stalin ist sein Pseudonym oder Kampfname, den er sich im Laufe der Jahre zugelegt hat: »der Stählerne«. Jede Menge Fotos und Gemälde zieren den Raum, Stalin ist omnipräsent: Stalin als Jugendlicher, sanft und knabenschön, eine Rubaschka, die russische Bauernbluse, statt Uniform tragend, Stalin als Staatsmann, Stalin vor der Oktoberrevolution, Stalin nach der Oktoberrevolution, Stalin als Parteiführer, Stalin als Generalissimus im Zweiten Weltkrieg, Stalin mit Lenin, Stalin doziert, Lenin notiert, Stalin mit Roosevelt und Churchhill, Stalin umringt von Arbeitern, Stalin, Stalin, Stalin.

Ich lausche gebannt bei einer englischen Führung. »Unter Stalin gab es keine Arbeitslosen, die Bildung war gratis, genauso die Krankenhäuser. Die Menschen hatten genug zu essen…« Kein einziges Wort von Hungersnöten mit Millionen Opfern etwa in Kasachstan, kein Wort über Millionen Menschen, die unterjocht und bespitzelt wurden, in Schauprozessen verurteilt, gefoltert, deportiert, umgebracht oder sich in Gulags zu Tode schuften mussten. Millionen Menschen! Kein Wort von den 72.000 Georgiern, die erschossen und den 200.000 Landsleuten, die deportiert wurden. Kein Wort von irgendwelchen Gräueltaten des zweitschlimmsten Verbrechers des

20. Jahrhunderts. Stattdessen ein Hinweis auf sein gelungenes Konterfei auf einer Vase.

Dann ... Stalins nachgebautes Büro mit SEINEM Schreibtisch, SEINEM Aschenbecher, SEINEM Füller, SEINER Unterschrift. Und natürlich mit weiteren Porträts von IHM. Ohne zu zögern setzen sich die Asiaten nacheinander für ein Foto an SEINEN Schreibtisch. In einem weiteren Saal mit Säulen, angestrahlt von Scheinwerfern liegt in der Mitte aufgebahrt SEINE Totenmaske, eine von zwölf. Dann gibt es noch einen Raum mit den Geschenken, die er aus aller Herren Länder bekommen hat. Idyllischer Kult und Protz mit viel Pathos. Dieses Museum huldigt einem Massenmörder, verfälscht die Geschichte. Stalinnostalgie, die mit Devotionalien aus dem Museumsshop zusätzlich angeheizt wird: Stalins sechs Gedichte kann man dreisprachig erwerben, Stalin auf Tassen, Stalin auf Shirts, Stalin auf Handtüchern, Stalin auf Servietten, Stalin auf Weinflaschen, Stalin als Schneekugel.

Vor dem Museum steht das kleine Haus, in dem der Diktator im Dezember 1878 geboren wurde, in dem sein Vater im Keller als Schuhmacher arbeitete. Stalins Wiege schaukelte ihn allerdings nicht mitten in Gori, sondern am Rande der Stadt in den Schlaf. Das war für die Museumsmacher ziemlich unpraktisch, deshalb haben Stadtplaner in den fünfziger Jahren das Geburtshaus kurzerhand ins Stadtzentrum verlegt: abgebaut und beim Museum wieder aufgebaut. Gegen die Unbill des Wetters ist das kleine Häuschen mit einem griechisch-römisch wirkenden Pavillon, den ein massives Betondach abschließt, überbaut worden. Es erinnert an einen Tempel, der das Geburtshaus schützen und für die Ewigkeit konservieren soll.

Im Garten, auf einem Abstellgleis steht ein schlichter, grüner, alter Eisenbahnwaggon. Stalins privater Waggon, extra dick gepanzert um den Vater der Völker vor Attentaten zu schützen, 83 Tonnen ist der Waggon schwer, mit dem er zu den Konferenzen nach Teheran, Jalta und Potsdam gereist ist. Denn der Diktator litt unter Flugangst! In dem mit rotem Holz ausgelegten Waggon gibt es eine Küche, ein Badezimmer mit Wanne und einen Konferenzraum.

Die gesamte Ausstellung des Stalin-Museums wurde seit 1979 nicht verändert. Unter der Regierung Saakaschwili soll es Bestrebungen gegeben haben, das Haus in ein »Museum der russischen

Aggression« umzuwandeln, insbesondere im Jahr 2008, nach dem verlorenen Krieg gegen Russland. Doch die Pläne liegen auf Eis. Goris Stadtverwaltung stimmte 2012 dagegen, denn mit Stalinnostalgie und Verherrlichung des Despoten lassen sich mehr Besucher, vor allem russische, locken, als mit einem »Museum der russischen Aggression«. Deshalb führt der Ort, an dem der Opfer des Stalinismus gedacht wird, ein unwürdiges Schattendasein in einem Kämmerlein, das gleich neben der breiten Marmortreppe liegt: hinter einer kleinen braunen Tür, die kaum jemand wahrnimmt.

Nicht nur im Museum, sondern im ganzen Land scheint die Aufarbeitung der Stalinzeit tabu zu sein. Keine georgische Universität unterhält einen Lehrstuhl für neueste Geschichte. So etwas Ähnliches wie eine Behörde für Stasi-Unterlagen? Fehlanzeige. Niemand sucht nach Georgiens Massengräbern, Grabungen sind sogar verboten. Die Opfer schweigen, die Täter wurden nie belangt. Lieber setzt man weiter auf die Glorifizierung von Stalin. Wahrscheinlich hätten sonst Tea und Nukri weniger Gäste, genau wie alle anderen in Gori, die ganz gut vom Stalin-Tourismus leben.

Kapitel 17

Das Kerzenimperium von Mzcheta

Es ist heiß. Weiße Vorhänge bauschen sich an offenen Fenstern. Wir sind in Mzcheta, einem Städtchen nur ein paar Kilometer von Tiflis entfernt. Kaum zu glauben, dass Mzcheta einst eine der wichtigsten Handelsstädte zwischen Kaspischem und Schwarzem Meer war. In Mzcheta, am Zusammenfluss von Aragvi und Mtkvari kreuzten sich die Seidenstraße und die Heerstraße. Handelsreisende aus Persien und China trafen hier mit Händlern aus Russland zusammen. Mzcheta war nicht nur Handelsstadt, sondern auch Hauptstadt in einer Zeit, in der Tiflis noch keine Rolle spielte. Jahrhundertelang wurden in Mzcheta georgische Monarchen gekrönt und bestattet. Hier traten die kartlischen Könige im 4. Jahrhundert zum Christentum über, ihr Glaube wurde Staatsreligion. Heute ist Mzcheta UNESCO Weltkulturerbe.

Die Touristengruppen, die einen Tagesausflug von Tiflis nach Mzcheta machen, kommen hauptsächlich wegen Sveti Tskhoveli, dem Wallfahrtsort der Georgier. Eine Kirche von der die Legende kündet, dass das blutgetränkte Hemd Jesu dort zusammen mit der gläubigen Sidonia begraben liegt. Sidonias Bruder Elias soll das Hemd vom Berg Golgatha in Palästina, dort wo Jesus gekreuzigt wurde, bis ins weit entfernte Mzcheta gebracht haben. Angeblich habe er die Wächter bestochen, um das Hemd zu bekommen – was kein allzu schönes Bild auf Elias wirft. Jedenfalls soll seine Schwester, sobald sie das Hemd an ihren Busen presste, sofort tot umgefallen sein. Glücklich, aber tot. Sie ließ das Hemd auch im Tod nicht mehr los und wurde mit ihm begraben, just hier in Sveti Tskhoveli.

Vielleicht war es auch so, wie auf der Website von GeorgiaInsight zu lesen ist: Elias von Mzcheta war nach Jerusalem gereist, um an der Versammlung der Glaubensgelehrten teilzunehmen, die die Geschichte und Kreuzigung Jesus' untersuchte. Elias soll das heilige Gewand erworben haben und nach Mzcheta gebracht haben. Jedenfalls ist in Sveti Tskhoveli der Teufel los. Menschenmassen, Besuchergruppen tummeln sich an jedem schattigen Plätzchen. Wir hören Französisch, Georgisch, Russisch, Niederländisch, Italienisch, Englisch, Japanisch und Deutsch – es wuselt, es ist uns zu voll. Lieber kommen wir am Abend wieder, wenn die Reisegruppen wieder in Tiflis sind.

Stattdessen machen wir einen Hitzespaziergang zum Samtavro-Kloster am Rande der Stadt, einem Frauenkloster, das bei den meisten Reisegruppen nicht auf dem Besichtigungsplan steht. Bunte Blumenrabatten säumen die Wege zum sandsteinfarbenen Kreuzkuppelbau der Erlöserkirche.

Auf dem Gelände soll der Palast von König Mirian und Königin Nana gestanden haben. Angeblich betete die Heilige Nino gerne im hiesigen Rosengarten. Just an dieser Stelle ließ der König eine winzige Kapelle errichten, sie steht heute noch und schmiegt sich an die Klostermauer. Das Kapellchen gilt als der älteste christliche Sakralbau Georgiens. Hier soll das Königspaar begraben liegen.

Am Eingang zur Erlöserkirche warten in großen Körben schwarze Schürzen oder Wickelröcke und Tücher auf diejenigen, die in Shorts, Miniröcken oder mit Trägershirts bekleidet in die Kirche möchten. Denn Frauen sollen ihr Haupt und die nackten Oberarme mit einem Tuch bedecken, ihre nackten Beine mit den Wickelröcken.

Herrliche Fresken aus dem 14. Jahrhundert begrüßen uns. Unzählige Ikonen mit unzähligen dünnen, bienenwachsfarbenen Kerzen davor. Drei Nonnen singen in einer Ecke nahe dem Altar. Vielmals bekreuzigend werfen sich die Gläubigen auf die Knie. Alle küssen die Ikonen und alle kaufen mindestens zehn Kerzen. Es ist ein wahrer Bekreuzigungsparcours: Die einen suchen sich ihre Lieblingsheiligen aus, bekreuzigen sich, verbeugen sich vor ihnen und küssen die Lieblingsikonen. Die anderen gehen systematisch vor: erst die Muttergottes, dann der heilige Nikolaus, die heilige Nino, der heilige Georg und alle anderen Heiligen, die auf Gemälden oder Ikonen abgebildet sind. Bekreuzigen, verbeugen, küssen.

Mir gefällt die Atmosphäre in der Erlöserkirche, in der Beten und nicht das touristische Umherschweifen mit der Suche nach Fotomotiven im Vordergrund steht. Ich beobachte eine dunkel gekleidete, junge Frau mit Kopftuch, die hingebungsvoll die goldglänzenden Kerzenhalter poliert. Die beinahe abgebrannten Kerzenstummel löscht sie, nimmt sie aus der Halterung, sodass es Platz für neue Kerzen gibt. Manchmal läuft ihr Wachs über die Hände, doch sie scheint gegen den Schmerz immun zu sein. Vielleicht ist sie auch so geschäftig und von ihrer Arbeit beseelt, dass sie von dem flüssigen Wachs nichts mitbekommt. Schon wird der nächste Kerzenständer emsig poliert und die Kerzen werden gelöscht.

Gleich darauf kommt eine Nonne am Kerzenständer vorbei. Auch sie löscht Kerzen, obwohl diese erst halb abgebrannt sind. Sie hält die Stummel wie Trophäen in ihrer linken Hand, auch sie scheint das tropfende Wachs nicht zu spüren. Die Nonne eilt bereits zum nächsten Kerzenständer. Als gäbe es eine geheime Choreografie poliert keine zwei Minuten später eine weitere Nonne den Kerzenständer. Obwohl die Kerzen, die nun in den Halterungen stecken, kaum abgebrannt sind, löscht sie auch diese und nimmt die fast neuen Kerzen mit.

Ich schaue mich um, ob die Gläubigen, die eben erst Kerzen gekauft und betend vor »ihren« Heiligen angezündet haben, dies mitbekommen. Doch sie bekreuzigen und verbeugen sich und küssen bereits vor den nächsten Heiligen.

»Meine Heimat ist meine Ikone und die ganze Welt ist ihr Ikonenschrein. Glänzendes Berg- und Tiefland teilen wir mit Gott.« So lauten die ersten Worte der Nationalhymne, Ikonen spielen in Georgien eine besondere Rolle. Sie seien die Fenster, durch die die Heiligen zur irdischen Realität schauen, heißt es.

Gemessenen Schrittes schreiten die Nonnen von Kerzenständer zu Kerzenständer. Ihre Bewegungen sind fließend, gleichzeitig machen die Frauen einen geschäftigen Eindruck.

Immer noch auf der Bank sitzend und beobachtend, male ich mir einen nimmer versiegenden Kreislauf aus. Der Kreislauf des Kerzenimperiums von Mzcheta, in dem jede Nonne ihre Aufgabe hat und jede ihre Bestimmung findet: Manche Nonnen sind dafür zuständig, die mehr oder weniger abgebrannten Kerzen aus den Halterungen zu holen. Sobald ihre Hand keine weitere Kerze mehr fassen kann, wandeln die Frauen aus der Erlöserkirche, am Glockenturm vorbei zu einem kleinen Schuppen nebenan. Dort sitzen in einem großen Raum, in dem es immer heiß ist, weitere Schwestern, die die Kerzenstummel dankend in Empfang nehmen und einschmelzen. Während des Schmelzens fischen sie mit langen Gabeln Dochtreste aus dem dickflüssigen Wachs, gleichzeitig schneiden andere Nonnen die Dochte für die neuen Kerzen zurecht. Zum Schluss gießt die erfahrenste Nonne das heiße Wachs in dünne Gefäße, darauf achtend, dass der Docht nicht untergeht. Kurz abkühlen lassen, dann bringt die jüngste Nonne, die besonders gut zu Fuß ist, den Kerzennachschub zur Erlöserkirche. Die Nonne, die am besten rechnen kann, verkauft die dünnen Kerzen im Vorraum dutzendweise an die Gläubigen, während die Nonnen im Innern der Erlöserkirche weiterhin emsig mit dem Einsammeln der Kerzenreste beschäftigt sind. – Eine Nonne poliert erneut die Kerzenhalterungen, sie lächelt freundlich. Es lebe das Kerzenimperium von Samtavro, das Imperium der geschäftstüchtigen Nonnen.

Kapitel 18

Der Berg, die Kirche, das Wahrzeichen

Das ist mehr als normaler Regen, es pladdert. Eine tiefe Pfütze, fast schon ein Teich ist genau an unserem Ausstieg aus der Marschrutka. Nur wer einen großen Satz machen kann, kommt trockenen Fußes in Stephansminda an. Es hat schon die ganzen letzten Stunden geregnet. Was wäre das für eine fantastische Fahrt auf der Heerstraße in die Berge, über den Pass, in dieses Hochtal gewesen! So haben wir weder die schneebedeckten Berggipfel, noch das »Denkmal der unverbrüchlichen Freundschaft« oder die Skilifte von Gudauri gesehen. Nicht einmal einen Blick in die Teufelsschlucht haben wir erhaschen können. Ein Glück dagegen, dass der Nebel die steilen, ausgesetzten Serpentinen der Heerstraße hoch zum Kreuzpass weitgehend verborgen hat. Im Reiseführer steht, dass die Arbeiter damals um 1860 sich an Seilen hängend über den Abgrund herablassen mussten, um Stufen für die Straßenführung in den Felsen zu schlagen. Einst wurden auf der Heerstraße Truppen bewegt. Heute sind es vor allem Waren, transportiert auf Lastwagen, die sich kilometerlang auf ihrem Weg von und nach Russland stauen. Alle müssen sie durch dieses Nadelöhr der schroffen Kaukasus-Berge.

Der Sprung über die Pfütze gelingt. Der Fahrer ist bereits damit beschäftigt, unser aller Gepäck auszuladen, darum ignoriert er die Beschwerden seiner Fahrgäste, ob des schwierigen Ausstiegs. Die vorbeirauschenden Lastwagen lassen das Wasser der Pfützen spritzen.

War es eine gute Idee hierher zu kommen? Der Wetterbericht klingt auch für morgen nicht allzu vielversprechend. Aber wir bleiben optimistisch, denn in den Bergen wechselt das Wetter oftmals schnell und hält sich nicht an Wettervorhersagen. Schönes Wetter und klare

Sicht sind in Stephansminda besonders wichtig, denn hier thront der 5047 Meter hohe Kasbek über der Gergetier Dreifaltigkeitskirche, die auf einer 2170 Meter hohen Kuppe liegt – wobei die Bezeichnung »Kuppe« für einen Zweitausender ziemlich untertrieben scheint , zumal er einen richtigen Namen hat: Kvemi Mta – Unterer Berg, aber im Kaukasus herrschen andere Dimensionen als in den Alpen.

Kirche und Berg, Dreifaltigkeitskirche und Kasbek – dieses Bild ist das Markenzeichen Georgiens schlechthin, das in jedem Bildband, in jedem Reiseführer, in beinahe jeder Geschichte oder jedem Artikel über Georgien zu sehen ist.

Zum Glück werden wir von unserem Zimmervermieter abgeholt. Er spricht außer Georgisch auch noch Russisch – wir freuen uns einfach, in seinem Auto zu sitzen. Er deutet mit dem Zeigefinger auf seine Brust und sagt:»Davit.« Davit deutet nach draußen, macht ein bedauerndes Gesicht und zuckt mit den Schultern. Der Himmel hängt so tief, dass weder Berge, noch Hügel, noch Hänge zu sehen sind. Wir tuckern eine steile Schotterstraße bergauf, es gibt weder Straßenschilder noch Hausnummern. Läge Stephansminda nicht am Fuße von Dreifaltigkeitskirche und Kasbek, niemand würde sich in dieses unspektakuläre Nest verirren.

Vor einem großen, rostigen Tor hält Davit. Mit Kreide geschrieben, und durch den Regen kaum noch zu erkennen, steht »Tamta« auf dem Tor. Tamta, der Name unserer Pension. Wie oft Davit bei dem Wetter wohl zur Kreide greifen muss, um »Tamta« zu schreiben? Er hält uns das Tor auf – und wir stehen direkt vor einer Kuh, die sich weder durch uns, noch durch den Regen den Appetit verderben lässt. Die Kuh, der ideale Rasenmäher: gründlich und geräuschlos.

Nicht weit von der Kuh steht ein sieben-, vielleicht achtjähriges Mädchen unter einem Regenschirm. Gedankenverloren und ganz in ihr Spiel versunken spricht sie mit der Blume in ihrer Hand, sie nimmt sonst nichts und niemanden war.

»Tamta«, sagt Davit liebevoll und deutet auf seine Tochter.

Im Flur werden wir von Lydia, der Hausherrin empfangen. Eine freundliche, aber auch resolute Frau mit einem festen Händedruck. Die Tür zur Küche steht offen, ich wage einen neugierigen Blick, sehe eine moderne Küche, in der alles blitzt und blinkt. Im Wohnzimmer auf der anderen Seite des Flurs schläft ein Kleinkind auf einem großen Sofa, daneben steht eine Wiege. »Baby«, sagt Lydia. »3 months.« Insgesamt zählen wir im Laufe der nächsten Stunden vier oder fünf Kinder. Lydia sieht, dass wir durchgefroren sind. »Tea?«

Zum Tee gibt es warme Gemüsesuppe, Tomaten- und Gurkensalat mit Walnusssauce, Bratkartoffeln und einen leckeren, cremigen Kuchen mit Walnüssen, Zitrone und einem Schuss Alkohol. »Kondensmilchkuchen«, meint Lydia und bedauert, dass sie keinen Obstkuchen mit frischen Früchten anbieten kann, aber um die Jahreszeit wachse in Stephansminda nur das Gras. Wir lieben den cremigen Kondensmilchkuchen. Doch Lydia entschuldigt sich, dass sie nicht mehr anzubieten hat. Obwohl wir mehrfach beteuern, dass es mehr als genug sei und auch noch wunderbar schmecke, macht sie ein betrübtes Gesicht.

Warm, trocken, wohlig und satt legen wir uns aufs Bett. Draußen beträgt die Sicht höchstens 50 Meter, drinnen lese ich über Prometheus, den griechischen Gott, der sich mit Zeus angelegt hatte. Prometheus, der uns Menschen aus Lehm geformt haben soll, von denen Zeus dann verehrt werden wollte. Als das nicht so lief, wie Zeus sich das vorstellte und weil ihn Prometheus auch noch mit einer Trickserei hinterging, verweigerte Zeus den Menschen das Feuer. Aber Prometheus nahm einen Stängel des Riesenfenchels, entzündete ihn am vorbeifahrenden feurigen Sonnenwagen und überbrachte ihn seinen Geschöpfen. Zeus war unsäglich wütend und sann auf Rache. Prometheus wurde gefangen genommen und an einen Felsen des Kasbek gekettet. Zeus dachte sich noch eine weitere üble Qual für seinen aufmüpfigen Widersacher aus: Jeden Tag rupfte ein Adler die Leber aus Prometheus Leib und fraß sie. Jeden Tag wuchs die Leber nach, sodass der Adler jeden Tag aufs Neue sein grausiges Werk vollführen konnte. – Mitgenommen von der griechischen Mythologie und ihren Grausamkeiten und mit der Frage beschäftigt, warum Zeus sich ausgerechnet den Kaukasus und davon den Kasbek ausgesucht hatte, schaue ich aus dem Fenster. Die Sicht ist weiterhin miserabel.

Lydia und Davit haben viel vor. Sie wollen mehr als die bisherigen zwei Zimmer an Touristen vermieten. Das obere Stockwerk soll dafür nach und nach ausgebaut werden. Dann muss sich die vielköpfige

Familie während der Saison vielleicht nicht mehr nur mit Küche und Wohnzimmer begnügen. Vielleicht können sie dann auch wieder ihr Badezimmer benutzen, denn das steht im Moment den Mietern unseres Nachbarzimmers zu. Unser Badezimmer inklusive einer Toilette ist an unser Zimmer angegliedert.

Lydia zuckt gleichgültig mit den Schultern. »Ist nicht schlimm, dass wir uns in der Küche waschen. Hauptsache die Gäste sind zufrieden.«

Am Abend hängt der Himmel immer noch so tief, dass wir den Kasbek nicht einmal erahnen können. Immerhin hat es aufgehört zu regnen. Die Zweige des Flieders neigen sich tief unter der Last der Tropfen. Auf der Suche nach einem Restaurant treffen wir zwei Frauen: Mutter und Tochter. Die Mutter ist klein und gebeugt, sie trägt schwarz und wird von ihrer Tochter gestützt, aber ihre Augen schauen hellwach und neugierig. Ihre Tochter dürfte zwischen 50 und 60 sein, sie spricht Englisch. Woher wir kämen, will die Mutter wissen.

»Germany.«

Die alte Frau nickt kaum merklich und murmelt etwas auf Georgisch.

Ob wir auf den Kasbek wollen, lässt sie uns fragen.

»Nein, wir wollen ihn nur sehen. Von unten, das reicht uns«, antworten wir.

»Morgen wird sich der Riese zeigen«, lässt sie uns ausrichten.

Dann kommt sie ins Plaudern und erzählt, dass sie als Sockenstrickerin arbeitet. Obwohl sie nicht mehr so gut sehen könne, stricke sie Socken. So wie schon seit vielen Jahren. »Das könnte meine Mutter auch blind«, sagt die Tochter lachend. »Wir verkaufen die Socken an unserem Stand an der Heerstraße. Aber bei diesem Wetter…«

Dann bricht ein Wortschwall aus der alten Frau heraus. Vor über 50 Jahren sei sie hierhergekommen, um ihren Mann zu heiraten. Ihre Familie habe den Bräutigam ausgesucht. Am Tag der Hochzeit stand sie vor der Haustür ihrer Eltern und wartete auf den Mann, den sie heiraten sollte, aber noch nie gesehen hatte. Er kam auf dem Pferd angeritten, seine Freunde begleiteten ihn, um ihm beizustehen, falls ihm etwas zustoßen sollte. Sie, die junge Braut stand im Türrahmen und weinte. Hieß es doch diesen fremden Mann zu ehelichen und ihr

Dorf und die Eltern zu verlassen, um im Haus des Fremden zu leben. Der Bräutigam nahm sie aufs Pferd und ritt mit ihr in sein Dorf, wo die Hochzeit mit seiner Familie und seinen Freunden gefeiert wurde. Ihre Familie blieb in ihrem Heimatdorf zurück. – »So war das. Eine andere Zeit«, fügt die Tochter hinzu. Ihre Mutter nickt, als habe sie die Worte verstanden. Zum Abschied lässt sie ausrichten: »Morgen. Ganz bestimmt.«

Blauer Himmel, ein klarer Tag, kühle Luft weht vom Gergeti-Gletscher ins Tal. Die Vorhersage der alten Frau trifft zu. Der Kasbek thront majestätisch, wie es sich für einen Fünftausender gehört, über dem Ort und strahlt im Morgenlicht. Mächtig und allüberragend, ein in Gletschereis gekleideter Riese, der über das Hochtal zu wachsen scheint. Der Kasbek ist nicht der höchste Berg Georgiens, aber definitiv der fotogenste. Auf dem Kvemi Mta ist die Dreifaltigkeitskirche, die Zminda-Sameba, aus dem 14. Jahrhundert zu sehen. Ein Bild, ein Ensemble, das uns noch vor dem Frühstück in seinen Bann schlägt. Egal, was dieser Tag noch bringen mag, das Aufstehen hat sich bereits mehr als gelohnt, das Herkommen sowieso.

Nach dem herzhaften Frühstück mit Gemüsesuppe, Bratkartoffeln, Katschapuri und Tomatensalat schnüren wir unsere Wanderschuhe, wollen zur Dreifaltigkeitskirche, dem berühmten Wallfahrtsort hinaufsteigen. Das Tergi-Flüsschen schlängelt sich durchs Tal. Ein dickes Schwein liegt mitten auf der Straße und genießt mit geschlossenen Augen die wärmende Morgensonne.

Stephansminda ist ein Nest, der letzte Ort vor der russischen Grenze, der außer einigen Gästehäusern und Restaurants wenig zu bieten hat, außer die neue, schicke, schindelbedeckte Touristeninformation vielleicht. Sie wurde zwei Tage vor unserer Ankunft eröffnet. Ein weiteres Highlight des Ortes ist das Kasbegi-Denkmal: Alexander Kasbegi wurde 1848 hier geboren. Er stammte aus wohlhabendem Hause, wurde Schriftsteller zahlreicher melodramatischer Romane, die das Leben des einfachen Volkes schildern. Kein Wunder, denn viele seiner Ideen und einige seiner Texte stammen aus den sieben Jahren, die er in den Bergen als Schafhirte lebte und arbeitete. Kasbegi war ein glühender Verfechter der Unabhängigkeit Georgiens und der

Urenkel des »Erbauers der Heerstraße«. Später ging er nach Tiflis, wo er als erster Georgier von seiner Schriftstellerei leben konnte.

Wir überqueren das Flüsschen, finden den Fußweg zwischen den Häusern, auch hier vermieten viele Familien Zimmer, auch hier wird gebaut, hergerichtet und renoviert. Es geht stetig bergan, immer wieder wandern unsere Blicke zum Kasbek, mittlerweile verdecken Wolken seinen Gipfel. Der Wanderweg führt an einem Bach entlang, vorbei an den Relikten eines alten Wachturmes, immer bergauf. Der Wind frischt auf. Es wird ungemütlich, der Kasbek verhüllt sich schon seit mindestens einer Stunde. Wenigstens sorgt der Wind dafür, dass die Wolkendecke manchmal auseinandergerissen wird, sodass ein Teil des Berges, wenn auch nicht der Gipfel, für kurze Zeit zu sehen ist. Der Weg zur Kirche ist einfach zu finden, allerdings scheint er nicht besonders beliebt zu sein. Denn außer uns ist kaum jemand unterwegs. Eine letzte Kehre, dann sehen wir das Kloster mit der Dreifaltigkeitskirche, das auf einem Sporn über dem Tal thront. Der schneidende Wind ist vergessen.

Es heißt, die Kirche stamme aus der Zeit, da sich die georgische Kirche besonders um ihre Schäflein in den Bergen kümmern wollte. Denn die waren im georgisch-orthodoxen Glauben nicht allzu gefestigt, liebäugelten bereits wieder mit heidnischen Bräuchen. Auch während der Mongolenkriege wurden die Gläubigen in den Bergen stark vernachlässigt. Da war eine schöne Kirche in exponierter Lage von Vorteil, um die verirrten Schäflein einzufangen und ihnen den Glauben wieder vor Augen zu führen.

Die Kirche in ihrer Abgeschiedenheit bot lange Zeit Schutz für eine bedeutende Reliquie: das Weinrebenkreuz der Heiligen Nino, Schatz der georgisch-orthodoxen Kirche. Hier in der Einsamkeit des Kaukasus' war es vor Eroberern geschützt. Dadurch stieg die Dreifaltigkeitskirche später zum Wallfahrtsort auf.

Wir sehen erst einmal tiefe Fahrspuren, eigentlich eher Gräben als Fahrspuren, dann hören wir die Allrad Jeeps, die sich durch den Schlamm kämpfen. Die meisten Besucher wollen den schönen Fußmarsch nicht in Kauf nehmen, sondern lassen sich lieber über eine Piste nach oben chauffieren. Auch für Davit ist die schwierige Fahrt zur Dreifaltigkeitskirche ein Zusatzverdienst, allerdings einer, der das Material wahrlich nicht schont. Seine Frau hat uns beim Frühstück erzählt, dass Davit einmal pro Jahr das gesamte Auto überholen und vieles reparieren muss, weil ständig etwas kaputt geht. Jetzt sehen wir Jeeps, denen Blenden oder Zierleisten, Seitenspiegel oder ganze Kotflügel fehlen.

Die Dreifaltigkeitskirche ist ummauert. An der schulterhohen Steinmauer lehnen Hobby-Fotografen im beigefarbenen Tarnlook mit modernster, teurer Ausrüstung und fixieren den Berg, scheinen auf den Moment zu warten, wenn die Wolken den Gipfel freigeben. Da es ungewiss ist, ob sich der Kasbek heute nochmal in ganzer Pracht zeigen wird, drücken sie zur Sicherheit ständig auf den Auslöser, um den Berg in Wolken oder in weniger Wolken gehüllt oder mit vielleicht noch weniger Wolken abzulichten.

Vielleicht ist es den Fotografen in der Kirche auch zu langweilig, denn dort ist fotografieren verboten. Was viele Besucher trotzdem nicht davon abhält ihr Smartphone zu zücken. Selbst das ermahnende Räuspern der Mönche zeigt keine Wirkung. Erst wenn die Mönche sie direkt ansprechen, hören einige von ihnen auf. Einige, aber nicht alle. Was ist das für eine Jagd nach ständig neuen Motiven? Wer wird noch wissen, welche Freske, welches Kreuz, welche Ikone wo zu sehen war? Die Fotografen selbst, um daheim die Reise nachzuvollziehen, die sie eigentlich nur mit dem Smartphone erlebt haben? Mir tun die Kinder, Enkel, Eltern, Onkel und Tanten leid, die daheim endlos gescrollte Reihen von Schummerlicht-Fotos über sich ergehen lassen müssen.

Von Stille und Einkehr ist in der Dreifaltigkeitskirche keine Spur. Mystik des Ortes? Fehlanzeige. Keinen der Besucher scheint dies zu interessieren. Es schwirrt wie in einem Bienenstock, ein ständiges Kommen und Gehen. Ein paar Besucher kaufen die üblichen Heiligenbildchen oder Kerzen, die übrigen lassen kurz ihren Blick durch die Kirche schweifen, kommentieren dieses und jenes mehr oder weniger lautstark, nesteln an ihren Tüchern, die sie vor dem Eingang aus einem Korb gezogen haben und die ihr Haupt verdecken sollen, dann verlassen sie das Kirchlein wieder, um draußen den Glockenturm von oben bis unten abzulichten.

Eigentlich wollten wir noch höher hinauf, näher zum Kasbek, doch der Wind hat mittlerweile so zugelegt, dass wir uns regelrecht gegen ihn stemmen müssen. Statt nach oben wandern wir denselben Weg, den wir gekommen sind wieder nach unten. Eins der ersten Häuser des Dorfes ist ein einfaches Gasthaus, durchgefroren wie wir sind, löffeln wir dort eine heiße Suppe, während im Fernseher Zusammenfassungen von Fußballspielen der spanischen Liga übertragen werden. Von unserem Ausflug zur Dreifaltigkeitskirche sind wir wenig begeistert. Zu viele Menschen. Zu viel Umtrieb. Zu wenig Atmosphäre. Overtourism in Georgien! Bei einem Nachschlag Suppe fantasieren wir über touristische Obergrenzen in der Dreifaltigkeitskirche. Wie viele Besucher verträgt solch ein Kirchlein pro Tag?

Kapitel 19

Beate, die deutsche Tante

Wir sind unterwegs zum Sheraton Hotel in Tiflis. Nicht, dass dies unsere eigentliche Übernachtungs-Preisklasse wäre, sondern weil im Sheraton die deutsche Botschaft untergebracht ist – als langjähriges Provisorium.

Die deutsche, österreichische und Schweizer Botschaft veranstalten gemeinsam im Mai einen Monat der deutschen Sprache. Ich bin zu Lesungen in georgische Schulen eingeladen, an denen auch Deutsch unterrichtet wird. Für den Fall, dass die Deutschkenntnisse der Schülerinnen und Schüler nicht ganz ausreichen, hat man die Textpassagen, die ich vorlesen möchte, ins Georgische übersetzt. Mit Eka, der Übersetzerin treffe ich mich im nüchternen Besprechungszimmer der Botschaft, um letzte Unklarheiten zu beseitigen. Buttertee, zum Beispiel. »Gibt es so was? Oder ist das ein Druckfehler?«, fragt sie mich. Als ich ihr von dem Schwarztee mit Butter und Salz erzähle, der in den Himalajaregionen so beliebt ist, schüttelt sie sich. »Klingt ekelhaft!«, meint Eka.

Eka scheint mir die Richtige zu sein, um eine Frage zu klären: die meisten georgischen Nachnamen enden auf »-schwili« oder »-adse«. Ich denke dabei an Micheil Saakaschwili (ehemaliger Staatschef), Lewan Kobiaschwili (ehemaliger Fußballer, heute Präsident des Georgischen Fußballverbandes), Nino Haratischwili (Schriftstellerin) und natürlich an Iosseb Schughaschwili (Stalins Geburtsname). Bei den »-adses« fallen mir Eduard Schewardnadse (ehemaliger Staatschef), Nana Dschordschadse (Regisseurin) und Aka Mortschiladse (Schriftsteller) ein.

Eka lächelt, vielleicht hat sie die Frage schon hundert Mal beantwortet. »Die Silbe ‚schwili‘ ist vor allem im Osten Georgiens verbreitet. Sie bedeutet ‚Kind von‘, also ist Kobiaschwili, das Kind von Kobia. Im Westen hängt man dagegen ein ‚adse‘ an, das altgeorgische Wort für ‚Sohn‘, Mortschiladse ist der Sohn von Mortschil«, erklärt Eka geduldig.

Ekas Deutsch ist wunderbar. Die Antwort auf die Frage, wo sie so ausgezeichnet Deutsch gelernt habe, ist verblüffend: »Bei Tante Beate! – Tante Beate war eine der Deutschen Tanten.«

Auf meinen fragenden Blick hin beginnt Eka zu erzählen: »Ich bin in einem Wohnblock am Stadtrand von Tiflis aufgewachsen. Morgens ging ich zur Schule und nachmittags kam Tante Beate zu uns. Wir waren sechs, sieben Kinder aus verschiedenen Familien, aber alle wohnten wir im selben Haus. Eine Woche lang trafen wir uns alle mit Tante Beate nachmittags in unserer Wohnung, wir spielten und bastelten oder sangen deutsche Lieder, wir sprachen nur Deutsch. In der nächsten Woche trafen wir uns bei einer anderen Familie im Haus, so ging das reihum. Von Tante Beate lernten wir ‚Oh Tannenbaum‘ singen und Weihnachtsgebäck backen. Von Tante Beate lernten wir stricken, ‚die Reise nach Jerusalem‘ und Topfschlagen und ganz spielerisch, nebenher, lernten wir Deutsch. Nicht in einer Schule mit Pausenhof und Turnhalle, sondern in unseren privaten Wohnungen. Mit Tante Beate haben wir unsere Kindheit verbracht. Sie war Witwe und konnte sich durch die Stunden mit uns, die unsere Eltern finanzierten, über Wasser halten. Unser privater Kinderhort war ihre Lebensgrundlage. Sie und all die anderen Deutschen Tanten waren die Keimzellen für die Vermittlung der deutschen Kultur und Sprache.«

Die »Deutschen Tanten« gab es nur in Tiflis und sie sind ein feststehender Begriff. Die Frauen leisteten einen Kulturtransfer der besonderen Art. Deutsche Sprache und deutsche Erziehung galten als schick. Auch schon früher, als sich wohlhabende Georgier deutsche Gouvernanten für ihre lieben Kleinen wünschten. Doch diese Frauen gelten nicht als Deutsche Tanten. Die kamen nämlich nicht zwingend bei wohlhabenden Georgiern unter. Zumindest bekräftigte Eka, dass sie und die anderen aus ihrem Wohnblock nicht zu den Wohlhabenden gehörten. Die Deutschen Tanten waren einige wenige Frauen, die von Stalins gnadenloser Umsiedlungspolitik verschont geblieben waren.

Die Geschichte der Deutschen in Georgien begann Anfang des 19. Jahrhunderts, genauer gesagt 1817. Damals waren die Fluchtursachen ähnlich, wie heute: Krieg, mangelnde Versorgung mit Arbeit und Nahrung, religiöse Konflikte. So wanderten viele Deutsche, vor allem aus dem pietistischen Württemberg, nach Georgien aus, um dort Freiheit, Wohlstand und eine neue Heimat zu finden. Denn Zuhause war infolge der napoleonischen Kriege das Land zerstört. Hinzu kam, dass aus Amerika Krankheiten eingeschleppt worden waren, die den Reben und dem Getreide stark zusetzten, all dies mündete in einer schrecklichen Hungersnot. Obendrein führte der separatistische Pietismus, den etliche Familien pflegten und der die Abspaltung von der Landeskirche vorsah, zu religiöser Isolation. Viele der Pietisten waren von dem Gedanken getrieben, dass die Endzeit nahe, und 1836 die Wiederkunft Christi zu erwarten sei. Der Kaukasus schien ihnen der geeignete Platz, um sich darauf vorzubereiten, da der Berg Ararat nicht fern ist, an dem gemäß der christlichen Mythologie Noahs Arche strandete.

Wie passend, dass es im Kaukasus Land gab, von dem es hieß, es lohne sich zu besiedeln, denn Zar Alexander I. bot Familien eine Zukunft: Er garantierte Selbstverwaltung, Religionsfreiheit und die Befreiung vom Wehrdienst. Zudem gab es noch Grund und Boden und Startkapital.

Das war verlockend für die Allmendingers, Sackmanns und Kimmerles, württembergische Familien, die ihr bisschen Hab und Gut verkauften, um sich einen Platz auf einer der »Ulmer Schachteln« zu sichern, einfachen Holzbooten, die von Ulm aus die Donau entlang, bis zum Schwarzen Meer fuhren. Boote ohne eigenen Antrieb, ausgestattet nur mit einem langen Ruder als Steuer. Monatelang waren sie unter furchtbaren Bedingungen unterwegs. Krankheiten rafften viele Auswanderer dahin, noch bevor sie ihr Ziel erreichten. Endlich am Hafen ihres neuen Heimatlandes angekommen, erwachte ihr Geschäftssinn. Die Auswanderer nahmen ihre Boote auseinander und verkauften das Holz.

Am 21. September 1817 kamen 181 Schwaben in Tiflis an. Sie zogen weiter gen Osten und gründeten Marienfeld, die erste deutsche Siedlung im Südkaukasus. 1818 landeten weitere 500 Deutsche in Georgien, sie gründeten Neu-Tiflis, Alexanderdorf, Katharinenfeld, Petersdorf und Elisabethenthal.

»Dort angekommen auf einem kahlen Lande, der Winter vor der Thüre, kein Obdach, kein Brod, 5 Pferde und dazu kein Stall und kein Futter! Ach, da wurde das Gottvertrauen geprüft«, berichtete einer der Schwabendeutschen in einer Chronik. In Erdlöchern oder unter einer Plane mussten die Siedler irgendwie den Winter überstehen. Viele schafften es nicht.

In Bolnisi, das früher Katharinenfeld hieß, siedelten sich besonders viele Deutsche an – 95 Familien wollten ihr Glück dort versuchen. Namensgeberin für ihren Ort war Großfürstin Katharina Pawlowa Romanowa, eine Schwester des Zaren Alexander I., die durch ihre während des Wiener Kongresses beschlossene Ehe mit Wilhelm I., Königin von Württemberg war, eine wohltätige Königin in diesen Krisenzeiten.

In Bolnisi, der Kleinstadt, die heute etwa eine Autostunde von Tiflis entfernt liegt, bauten die Schwaben damals Fachwerkhäuer, pflasterten die Straßen, gründeten kleine Fabriken oder Handwerksbetriebe, kauften Land und wurden Bauern oder Winzer. Sie bauten eine Schule, eine Kirche, gründeten eine Zeitung, eine Theatergruppe, Sportvereine, einen Fahrradclub und einen Jägerverein. Einer der Fußballclubs aus Bolnisi soll es sogar zu einem Finale nach Moskau geschafft haben. Die Siedler waren gottesfürchtig, strebsam, erfolgreich und pflegten ihre Sprache und ihr Brauchtum in ihrem georgischen Schwabendorf. Doch der Kontakt zu Georgiern war spärlich, sie bildeten eine Parallelgesellschaft mit deutschem Migrationshintergrund.

1921 besetzte Sowjetrussland Georgien und Aserbaidschan – Eingliederung wurde dies genannt. Die Lage der Deutschen verschlechterte sich, denn ihr wirtschaftlicher Erfolg, ihre gelebte deutsche Herkunft und ihre Verwurzelung im Protestantismus waren den Bolschewisten suspekt. Schikanen setzten ein: Zuerst wurden die deutschen Vereinigungen aufgelöst, der Deutschunterricht eingeschränkt, aus Katharinenfeld wurde Luxemburg, benannt nach Rosa Luxemburg. Als 1929 die Kollektivierung der Landwirtschaft begann, wurden viele reiche Bauern nicht nur als Kulaken, als Klassenfeinde beschimpft, sondern auch enteignet. Ein Jahr später verbot man Gottesdienste, eine Reihe evangelischer Pfarrer wurde verhaftet oder umgebracht.

Dann kam Stalin an die Macht. Fast 24.000 Kolonisten lebten damals in Georgien. Die Deutschen waren Stalin ein Dorn im Auge, besonders als Nazideutschland die Sowjetunion angriff. Stalin wollte die Deutschen loshaben, gleichzeitig brauchte er billige Arbeitskräfte in Kasachstan und Sibirien. Darum ließ er 1941 die Deutschen nach Kasachstan oder Sibirien deportieren, wo sie in »Sondersiedlungen« lebten und schuften mussten. Erst 1955, zwei Jahre nach Stalins Tod, erhielten die Menschen die Erlaubnis, Sibirien zu verlassen.

Das Goethe-Institut in Tiflis und auch die Heinrich-Böll-Stiftung, Regionalbüro Südkaukasus haben sich mit dem Thema beschäftigt. In den Unterlagen findet sich folgende Beschreibung: Am Anfang des Schuljahres 1941 wurde jedes Kind in Dianas Klasse nach seiner Nationalität gefragt. Als die Reihe an ihr war, antwortete sie voller Stolz, dass sie Deutsche sei. Wenige Wochen später rannte ihr die Tante entgegen: »Oh Gott, oh Gott, ihr werdet deportiert!«

Stalin beendete damit auf brutale Art über 120 Jahre Siedlungsgeschichte. Die Häuser wurden an Zugewanderte und Umgesiedelte vergeben, die Friedhöfe der Deutschen eingeebnet. Nur die Frauen, die mit Georgiern oder Russen verheiratet waren, blieben von der Deportation verschont.

Nach dem Zweiten Weltkrieg erkannten diese Frauen, dass das Interesse an deutscher Bildung und Erziehung bei der Tifliser Mittelschicht immer noch lebendig war. Viele der Frauen waren Kriegswitwen oder wurden im Laufe der Jahre zu Witwen und mussten sich allein um ihren Lebensunterhalt kümmern. Sie wurden Deutsche Tanten, so wie Ekas Tante Beate. Tante Beate hätte sicherlich ihre Freude daran, dass Eka ihre Deutschkenntnisse nun als Übersetzerin bei der Deutschen Botschaft einsetzt.

Kapitel 20

Bei den Deutschen

Ein paar Wochen später spaziere ich mit Lia Bubuteischwilli durch die Mühlgrabenstraße von Bolnisi. Auf dem Straßenschild steht tatsächlich »Mühlgrabenstraße«. Die Fachwerkhäuser, einst wunderschöne, prachtvolle Häuser mit kunstvoll geschnitzten Balkongeländern, die die Deutschen damals gebaut haben, stehen noch. Aber wie lange noch? Ihr Zustand ist erbärmlich. Sie sind fast schon Ruinen kurz vor dem endgültigen Verfall. Trotzdem leben Menschen, meist Flüchtlinge aus Aserbaidschan, in den baufälligen Häusern.

»Es fehlt an Geld. Wer soll die Renovierung bezahlen?« Lia Bubuteischwilli von der Stadtverwaltung ist eine realistische Frau. Sie führt mich in den Weinkeller des ehemaligen Winzerhofes von Fritz Sackmann. Der Weinkeller ist riesengroß und besteht aus drei verschiedenen Räumen. Es riecht muffig, nach abgestandener Luft, aber auch nach Wein oder Trauben. In einem der Räume steht ein großer Tisch, an dem problemlos 20 Leute Platz finden. Eine rot-weiß karierte Tischdecke dekoriert mit weißen Haushaltkerzen, die auf kleinen, weißen Tellern stehen, erwecken den Eindruck, dass hier erst vor Kurzem eine Weinprobe stattgefunden hätte.

»Wein und Lesung«, bestätigt Bubuteischwilli. »Wir versuchen mit solchen Veranstaltungen Leute, vielleicht auch Touristen nach Bolnisi zu locken. Manchmal kommen auch Nachfahren der ehemaligen Siedler.«

Denn von den ehemaligen Deutsch-Georgiern, die nach Sibirien verschleppt wurden, sind später kaum welche nach Georgien zurückgekommen. Die meisten sind als Spätaussiedler oder Russlanddeutsche nach Deutschland emigriert.

Die Stadtangestellte verzichtet auf ihre Mittagspause und verlängert die Stadtführung. An der Ecke Nikolaistraße/Kirchstraße bleibt Lia vor dem ehemaligen Schulzenamt stehen. »In der Gemeindeverwaltung gab es einen großen Versammlungsraum, vier Amtsstuben und zwei Gefängniszellen. In den Amtsstuben wurde natürlich Deutsch gesprochen. Das Schulzenamt war für die Verwaltung von Schule, Kirche, Ackerland, Wegeführung, Weinbergen, Wäldern und Kanälen zuständig. Was in einer Gemeinde eben so anfällt.«

Wir bleiben vor dem einstigen Wohnhaus des Weinhändlers Eduard Allmendinger stehen, sein Nachbar war der Schreiner Johannes Krämer, dessen Schreinerkunst auch heute noch an seinem Haus zu sehen ist: Es hat einen offenen Laubengang, geschnitzte Balkongeländer und am Balkon befinden sich noch Reste von Freskenmalerei. Was muss das für ein Schmuckstück von Haus gewesen sein! »Die Decke ist aus Eichenbalken, im Innern des Hauses sind meist Tanne und Buche verbaut.« Lia kann zu nahezu jedem Haus etwas berichten, auch zum Haus Nikolaistraße 46, dem Fachwerkhaus des Kaufmanns Georg Walker. »Walker beherbergte die wichtigste Apotheke der Umgebung. Das Walker-Haus hat einen Hof und einen tiefen Weinkeller.« In Gedanken füge ich hinzu: Und solch eine morsche Treppe, auf die ich keinen Fuß setzen würde. Neugierig schaut ein Mädchen aus dem Walker-Haus. Unglaublich, dass in diesen einsturzgefährdeten Häusern Menschen wohnen. »Wo sollen die Flüchtlinge denn sonst wohnen? Sie haben kein Geld.« Willkommenskultur klingt anders.

Seit 2018 gibt es ein Projekt, initiiert von der Universität Tübingen, in Kooperation mit dem Tübinger Stadtmuseum, mit der Universität Tiflis und dem dortigen Nationalmuseum, bei dem es um die Archivierung und Digitalisierung unterschiedlichster Dokumente aus Katharinenfeld geht: Familiengeschichten, Kirchenbücher, Fotos, Inventarisierung der Gebäude. So soll ein Bild der damaligen Zeit geschaffen werden.

Leider wird dies den Schwabenhäusern in Bolnisi nichts nützen, sie verfallen weiter – bis auf die Deutsche Mühle. »Früher gab es drei Mühlen in Bolnisi.« Lia geht mit mir zum Fluss und zeigt auf ein stattliches, schmuck saniertes Haus, aus Stein und Holz, mit Garten und Terrasse, gleich am Ufer der Machawera. »Das war die Mühle der Familie Kötzle, sie ist heute ein Hotel, heißt Deutsche Mühle und gehört dem Deutschen Achim Depta. Depta wollte schon immer ein altes Gemäuer besitzen. Durch seine georgische Frau kam ihm die Idee, sich in Georgien diesen Traum zu erfüllen.« Doch zum Hotelier ist er nicht geworden, auch nicht zum Georgier. Er lebt weiterhin in Deutschland, ein Geschäftsführer leitet das Hotel.

Unser Spaziergang auf den Spuren schwäbischer Siedler endet vor der ehemaligen evangelischen Kirche, die so gar nicht wie eine Kirche aussieht. Vielleicht liegt es daran, dass sie in der Sowjetzeit schwer beschädigt wurde. Immerhin verleiht der abbröckelnde dunkelgelbe Putz dem Gebäude noch einen Hauch von maroder Anmut. Längst wird hier nicht mehr gebetet, eher geturnt und geboxt, denn im ehemaligen Gotteshaus befindet sich heute eine Turnhalle. Lia verabschiedet sich. Sie muss wieder an den Schreibtisch – Bolnisi verwalten.

Kapitel 21

Der Gast ist ein Geschenk

Meine Blase droht zu platzen, und Giorgi sucht immer noch den Weg zur Schule. Mit Tea als Übersetzerin und Giorgi als Chauffeur sind wir in Sestaponi, wo ich in einer halben Stunde lesen soll – sofern wir die Schule finden. Deutsch ist in Georgien sehr beliebt und läuft in manchen Gegenden sogar Russisch den Rang ab. Englisch als Fremdsprache steht aber unangefochten an der Spitze.

Sestaponi, einst stolze Industriestadt, war das Zentrum der georgischen Eisenhütten. Früher wurde in den imeretischen Bergen sehr viel Mangan abgebaut und in Sestaponi mit Eisen zu Legierungen verarbeitet. Heute ist Sestaponi weitgehend zur Industriebrache verkommen. Tausende Menschen verloren ihre Arbeitsplätze. Doch einen Vorteil hatte die Stilllegung: Die Region wurde vor dem ökologischen Kollaps bewahrt.

Bei gewaltiger Hitze fahren wir suchend durch die triste Stadt. Endlich, versteckt hinter einem hohen Tor liegt das Schulgelände. Schon eilt uns eine große, sehr schlanke, schwarzhaarige Frau mit großer Brille entgegen, stellt sich als Frau Leila, die Schulleiterin vor und begrüßt uns in fließendem Deutsch.

Bestimmt ist es sehr unhöflich und sicher hat sich Frau Leila einen ganz großen, offiziellen Bahnhof für uns vorgestellt, ich sehe sogar ein Kamerateam. Aber mich interessiert gerade nur eins: eine Toilette. Das Händeschütteln muss warten, stattdessen eile ich in den ersten Stock zu den Damentoiletten. Es gibt genau zwei Toiletten für alle Schülerinnen und Lehrerinnen der Schule. Und diese zwei befinden sich auch noch im selben Raum, stehen einfach so nebeneinander, durch nichts getrennt. Wie das wohl praktisch funktioniert? Ob frau abschließen darf, wenn der Nachbarplatz noch frei ist? Ob Lehrerinnen und Schülerinnen sich auf der Toilette begegnen, nebeneinandersitzen und sich über die letzte Deutschklausur unterhalten? Was, wenn eine Toilettenbenutzerin vor der anderen fertig ist? Wartet sie dann auf ihre Sitznachbarin? Oder macht sie einfach Platz für die nächste?

Noch weiß ich nicht, dass Gemeinschaftstoiletten gar nicht so ungewöhnlich sind. Auch auf dem Busbahnhof Didube in Tiflis wird mir noch solch ein offenes Damen-WC begegnen. Dort auf dem öffentlichen Lokus sind es nicht nur zwei, sondern vier Toiletten, die man sich mit vollkommen Fremden teilt. Wobei »Toilette« in Didube doch ein großes Wort ist für die vier Plumpsklos, in einem Abstand von einem Meter, die nichts weiter sind als vier Löcher im Betonboden. Aber immerhin mit Klospülung!

Nach der Lesung werden wir in ein umgeräumtes Klassenzimmer geführt. Die Tische sind zu einer großen Tafel zusammengestellt, darauf stapeln sich Katchapuri, Auberginenröllchen gefüllt mit Walnusssauce, Fleischklopse, die obligatorischen Tomaten und Gurken, Schafskäse, Hühnchen, sauer eingelegtes Gemüse, Erdbeeren, Kirschen, Süßigkeiten, Kuchen und und und. Dies alles wird überragt von einer weißen Torte, die, dank Lebensmittelfarbe die georgische und die deutsche Flagge zieren. Auf der Tafel finden sich noch diverse Colaflaschen, Karaffen voll mit Wasser, Weinflaschen voll mit schwerem georgischen Rotwein – und drei Schnapsflaschen. Tschatscha. Ich ahne Fürchterliches.

Außer Tea, Giorgi und mir sitzen noch die Schulleiterin, die Deutschlehrerinnen, weitere Lehrpersonen und der Besitzer dieser Privatschule um die Tafel. Der ergraute Mittsechziger schnappt fünf, sechs Wassergläser und füllt jedes halbvoll mit Tschatscha. Noch bevor wir einen Bissen zu uns nehmen können, erhebt er sein Glas, alle anderen erheben die Gläser, und der Schulbesitzer bringt einen langen, pathetisch wirkenden Trinkspruch aus. Tea übersetzt simultan etwas in der Art von immerwährender Freundschaft unserer Länder und ein Hoch auf die Gäste, nur klingt es beim Schulbesitzer viel länger.

Am Ende seines Trinkspruches nickt er mir zu – »gagimardschos!« – und kippt das Glas Tresterschnaps auf ex. Ich weiß, dass
es unhöflich ist, aber ich nehme nur einen winzigen Schluck. Schon
der haut mich, jetzt um die Mittagszeit, völlig aus den Latschen. Der
Schulbesitzer protestiert, also nehme ich einen weiteren Schluck.
»Gagimardschos!«

An das Wort »gagimardschos« lehnt sich das Wort »Gamart-
schweba« an, das »Sieg« bedeutet. Ich komme mir auch vor, als habe
ich einen Sieg eingefahren, einen kleinen Sieg über die Bürde des
Alkohols am Mittag. Zufrieden stelle ich mein leeres Glas auf den
Tisch und sehe, dass der Schulbesitzer sein Glas bereits wieder gefüllt
hat. Als schaffe erst das wiedergefüllte Glas die Voraussetzung dafür,
dass der Toast in Erfüllung gehen kann.

»Du erlebst gerade eine Supra«, raunt Tea mir zu. »Ein Gastmahl.
Der Gast ist ein Geschenk – lautet ein georgisches Sprichwort. Für
dich wurde diese Supra zubereitet. Oftmals sind es fünf Gänge mit
mindestens sieben Vorspeisen. Das geht in der Schule natürlich nicht,
aber sie haben sich sehr angestrengt.«

Der Schulbesitzer hebt zum nächsten Trinkspruch an. Ich glaube,
wir trinken auf die Liebe zu Georgien, auf die Liebe im Allgemeinen
und die Liebe zu den Kindern, später dann noch auf den Frieden, auf
Gott, die Kunst, die Literatur, die Zukunft oder die Freundschaft oder
beides. Egal. Wir trinken.

»Der Schulbesitzer hat die Rolle des Tamada übernommen. Er ist
der Tischmeister, zuständig für die Trinksprüche und das Wohlerge-
hen der Gäste«, erklärt Tea.

»Und zuständig fürs Nachschenken«, füge ich hinzu.

»Ein Tamada muss körperlich der Anforderung gewachsen sein,
eine große Menge Alkohol zu vertragen und dabei geistig rege zu bleiben. Manchmal fällt auch dem Ältesten am Tisch die Rolle des Tamada
zu, oder jemandem, der sich besonders gut ausdrücken kann«, fährt
Tea fort. »Gastfreundschaft und Alkohol kennen bei einer Supra fast
keine Grenzen.«

Mittlerweile sind wir auf Rotwein umgestiegen. Wein gilt in Georgien nicht wirklich als Alkohol, eher als eine Art Persönlichkeit mit

einer Seele, mit einem Charakter, einer Herkunft und einer Aufgabe: Vermittler zu sein zwischen den Menschen.

Immer wieder heben wir die Gläser, zwischendurch essen wir, dann folgt der nächste Trinkspruch. Irgendwann werde auch ich aufgefordert einen Toast auszubringen. Also erhebe ich mein Glas. Ich kann mich nicht mehr erinnern, was ich gesagt habe, aber allzu clever kann es nicht gewesen sein, denn Giorgi kichert. Viel zu spät flüstert Tea, ich könne das volle Glas einfach stehenlassen, dann wissen alle, dass ich nicht mehr trinken möchte. Wäre in Deutschland nach Lesungen eine Supra mit einem Tamada Standard, wäre ich längst Alkoholikerin. Gagimardschos!

Auf dem Weg zum Auto hake ich mich bei Tea unter. Giorgi ist als Einziger vollkommen nüchtern, als Fahrer trinkt er nicht. Er grinst, als er den Motor startet. »Wollt ihr in Sestaponi oder auf dem Weg nach Kutaissi noch etwas besichtigen?«, fragt er. Bloß nicht!

Gerade als wir losfahren wollen, klopft es ans Beifahrerfenster: die Schulleiterin mit einem Schüler. »Wir haben noch ein Geschenk für Sie!«

Der Schüler hält einen großen Blumentopf in die Höhe, darin ist eine Iris.

»Nächstes Jahr wird sie blühen. Und dich an uns erinnern.«

Gerührt nehme ich den Topf und stelle ihn zwischen meine Füße. Giorgi verdreht die Augen, dann gibt er Gas. Bis Kutaissi, wo ich morgen wieder an einer Schule lesen darf, sind es 35 Kilometer.

Kapitel 22

Giorgis Geschichten

Die Fahrt am übernächsten Tag zurück nach Tiflis unternehmen nur Giorgi und ich. Giorgi, der untersetzte, immer Turnschuhe tragende Fahrer mit Halbglatze, dem der Schalk aus den Augen blitzt. Tea haben wir im Ferienhäuschen ihrer Familie abgesetzt, wo sie das Wochenende verbringen möchte.

Bisher hat Giorgi so gut wie gar nicht mit mir geredet, immer nur mit Tea auf Georgisch, darum stelle ich mich auf vier recht schweigsame Stunden Fahrt ein. Doch schon bevor ich mich ins Auto setze, zeigt Giorgi auf die weiße Zahlenkombination 001 auf dem roten Nummernschild unseres Diplomatenautos.

»Weißt du, was 001 bedeutet?«, fragt er mich und fügt grinsend hinzu »001, nicht 007!«

Ich habe keinen blassen Schimmer.

»Das bedeutet, Deutschland war erste Land, das Georgiens Unabhängigkeit anerkannt hat und Botschaft bei uns eröffnet hat. USA haben 002, Türkei 003.«

Giorgi ist seit mehr als 15 Jahren einer von drei Fahrern für die deutsche Botschaft. »Gute Arbeit«, sagt er. Es gefalle ihm, dass er nicht nur in Tiflis arbeite, sondern, wie jetzt, auch immer wieder ein paar Tage im Land unterwegs sei. »Meine Frau findet nicht so gut.«

Sein Handy bimmelt deutlich hörbar. »Meine Frau! Kontrolle!« Als hätte sie nur auf ihr Stichwort gewartet. Im Botschaftswagen gibt es keine Freisprechanlage, ohne die man in Georgien eigentlich nicht am Steuer telefonieren darf. Strafzettel wären für Giorgi ziemlich ärgerlich, doch dieses Risiko scheint ihm angesichts der Kontrolle seiner Frau vertretbar zu sein. Wir fahren auf einer schmalen Straße, inmitten eines riesigen Waldgebietes, Giorgi scheint jede Stelle zu kennen, wo ein Polizeiauto warten könnte. Die Luft ist rein, er geht ans Telefon.

»Keine Kontrolle von Frau«, meint er anschließend, er strahlt.

»Eine gute Nachricht?«, frage ich.

Giorgi nickt. »Meine Tochter kann in Semesterferien wieder in Deutschland arbeiten. In Hotel oder Restaurant. Sie verdient Geld in Deutschland für ihr Studium in Tbilissi. Ist gute Nachricht, weil ich muss nicht das Geld geben.«

»Arbeitet deine Frau auch?« Es ist nicht einfach in Tiflis mit einem Gehalt über die Runden zu kommen.

»Arbeitet im Haus. Haushalt«, antwortet Giorgi.

Die Straße wird breiter, die Sonnenstrahlen hinterlassen einen geheimnisvollen Schimmer im Dickicht.

»Hoffentlich bleibt Tochter in Georgien«, sagt Giorgi unvermittelt. »So viele möchten nach Europa. Westeuropa. Deutschland. Aber wir brauchen gute Leute hier.«

Ich nicke. »Spricht deine Tochter deutsch?«

»Was sie braucht für Arbeit und noch mehr, glaube ich.«

Ich verkneife mir die Bemerkung, dass georgische Abschlüsse nicht gleich wie deutsche Abschlüsse anerkannt werden. Wer in Deutschland ein Studium beginnen möchte, muss in Georgien schon mindestens vier Semester studiert haben, dies gilt dann in Deutschland erst als Abitur-Niveau.

Giorgi liebt Anekdoten und gibt gleich eine zum Besten: Schon nach dem Zusammenbruch der Sowjetunion zog es viele Georgier gen Westen. Auch Italien stand damals hoch im Kurs, die Auswanderer wollten gut vorbereitet sein, darum lernten sie schon daheim Italienisch. In einem kleinen Dorf eröffnete ein zugezogener Privatlehrer eine schnell sehr gut laufende Sprachschule und lehrte Italienisch. Die hoch motivierten Schülerinnen und Schüler büffelten fleißig. Doch als sie in Italien ankamen, mussten sie feststellen, dass niemand sie verstand. Denn der Sprachlehrer hatte ihnen kein Italienisch, sondern einen entfernten georgischen Dialekt beigebracht. Soviel zur Sprachvielfalt in diesem kleinen Land.

Die ausgedehnten Wälder haben Feldern in sanfter Hügelland-schaft Platz gemacht. An Parkplätzen werden Körbe jeglicher Größe sowie Korbstühle angeboten. Giorgi wird ernst, als er fortfährt, dass er sich über die Verschwendung ärgere. Deutschland sei zwar ein rei-ches Land und habe in Tiflis ein wunderschönes, riesengroßes, altes Botschaftsgebäude. »Ich glaube, früher war das Musikschule von Tbi-lissi.« In den 1990er-Jahren hat Deutschland das Gebäude gekauft. Doch bei einem Erdbeben im Jahr 2005 oder 2006 wurde es so stark beschädigt, dass es nicht mehr nutzbar war. »Seitdem sitzt Botschaft in Sheraton-Hotel und zahlt jeden Monat viel, viel Geld. Botschafter wohnt anderswo. Wir müssen seit Jahren durch halbe Stadt fahren und Verkehr ist immer voll. Botschafterhaus kostet jeden Monat auch viel, viel Geld. Seit vielen Jahren.« Mit dem Provisorium soll es ein Ende haben, man hat sich für einen repräsentativen Neubau an einem Hanggrundstück in Tiflis entschieden. Das Kanzlei- und Residenzge-bäude soll, so steht es in der Ausschreibung, 2023 bezugsfertig sein. Das alte Gebäude wird wahrscheinlich verkauft, angeblich zeigen das georgische Kulturministerium, die Nationalagentur für Denkmal-schutz sowie das nationale Filmzentrum Interesse. Ich frage mich, warum das nicht schon viel früher in Angriff genommen wurde? Und gebe Giorgi vollkommen recht: Verschwendung!

Mittlerweile fahren wir auf einer vierspurig ausgebauten Straße. Giorgi hält sich strikt an die vorgegebene Geschwindigkeit. In der Ferne türmen sich die weißen Gipfel des Kaukasus. Rechts der Straße stehen kleine Hütten, in denen Brot verkauft wird. Dies zeigen die vielen selbstgemalten Werbeschilder am Straßenrand. Giorgi weiß genau, welcher Bäcker der Beste ist, vor dessen Backstube stoppt er. Das Brot wird an Ort und Stelle in etwa eineinhalb Meter hohen, rie-sigen Tontöpfen gebacken, an deren Grund ein Feuer brennt. Mit viel Geschick klatschen die Bäcker lange Teigfladen im Innern der Töpfe an die Wand und holen das fertige Brot nach einigen Minuten wieder heraus. Es schmeckt leicht süß und köstlich!

Wir naschen Brot, Giorgi ist in Erzähllaune, er hat noch einige Anekdoten aus dem Berufsleben eines Fahrers für die Botschaft parat: Der Botschafter (der inzwischen schon lange nicht mehr in Georgien weilt), gibt seine kaputten Schuhe dem Fahrer mit dem Auftrag, er solle sie zum Schuhmacher bringen. Am nächsten Tag fragt er den Fahrer, in der Annahme es sei derselbe wie gestern, was mit dem Schuhmacher sei? Da dieser Fahrer aber nicht derselbe ist, hat er keine Ahnung von den Schuhen. Stattdessen denkt er an das Formel-1-Rennen vom Vortag und sagt »erster Platz« – wie gesagt, es ist schon eine Weile her. Der Botschafter wundert sich sehr und fragt nochmal: »Was ist mit dem Schuhmacher?« Der Fahrer überlegt, vielleicht meint der Botschafter nicht Michael, sondern den Bruder, Ralf Schuhmacher, und erwidert: »Könnte Platz drei gewesen sein.« Der Botschafter zweifelt stark an der Intelligenz seines Fahrers.

Noch eine Anekdote aus dem Fahrerlager: Giorgi holt den damals aktuellen Botschafter und dessen Frau abends von einem Termin ab. Das Ehepaar nimmt wie gewöhnlich im Fond Platz, denkt Giorgi zumindest. Er hört die Tür zuschlagen und fährt los. Nach einigen hundert Metern sagt die Gattin des Botschafters ganz ruhig und höflich. »Entschuldigung, Sie haben meinen Mann vergessen.« Erst jetzt schaut Giorgi in den Rückspiegel und sieht den Botschafter wild gestikulierend mitten auf der Straße stehen.

Und noch eine Anekdote: Der Fahrer chauffiert nicht den Botschafter, Herrn Vogel, sondern dessen Stellvertreter irgendwohin. Zuvor, auf einer anderen Fahrt, hat der Fahrer eine Taube erwischt. Bekümmert über deren Tod sagt er in seinem besten Deutsch: »Habe Vogel überfahren.«

Der Stellvertreter reißt die Augen auf und fragt zur Sicherheit nochmal nach. Die erschütternde Antwort: »Vogel leider tot.«

Lachend passieren wir die Stadtgrenze von Tiflis.

Kapitel 23

Landleben

Pankissi? Da war ich noch nie! – Warum gehst du dorthin? Das ist doch gefährlich!« Von allen erhalte ich dieselbe Reaktion, als ich ankündige ins Pankissi-Tal zu fahren.

»Pankissi?«, fragt auch der Marschrutka-Fahrer zur Sicherheit zweimal nach. Im Reiseführer findet sich nichts über das Tal, auf der Landkarte ist es nicht zu sehen und die Informationen im Internet sind nicht gerade üppig: Die Gebirgskette des Großen Kaukasus trennt Pankissi von Tschetschenien und Dagestan. Im 30 Kilometer langen und drei Kilometer breiten Tal leben die zu den Tschetschenen gehörenden muslimischen Kisten. Zu erfahren ist auch, dass vor allem im zweiten Tschetschenienkrieg viele tschetschenische Flüchtlinge über die schneebedeckten Bergpässe ins Pankissi-Tal gekommen sind. Auch verwundete Kämpfer waren darunter. Das Pankissi-Tal wurde um die Jahrtausendwende vorübergehend Rückzugsort für radikale Kämpfer. Dazu kamen Waffen- und Drogenhandel sowie Entführungen.

Die Bewohner lebten meist von der Schafzucht. Sie waren arm, litten unter der Last der geflüchteten Dauergäste. Arbeitslosigkeit und Perspektivlosigkeit waren hoch. Sport war der Zeitvertreib für die jungen Männer. Als dann der sogenannte Islamische Staat gegründet wurde, machten sich einige Männer aus dem Pankissi-Tal auf den Weg nach Syrien. Auch Abu Omar al Schischani stammt aus Pankissi, eine der ehemaligen Führungspersonen des IS, der 2016 im Irak getötet wurde.

Für Russland gilt Pankissi seit dem Tschetschenienkrieg als Hort des Terrorismus, als Aktionsbasis für Anschläge in Russland. Ein ausreichender Grund für die Russen, dass sie das Tal auch schon mal bombardiert haben. Doch darüber schweigt man auf beiden Seiten, auf russischer und georgischer. Über die bestialischen russischen Gräueltaten während der Tschetschenienkriege schweigen die Russen auch.

Über eine Freundin habe ich via Facebook Kontakt zu Markha aus Pankissi aufgenommen. Markha ist Musikerin, Sängerin und Balalaikaspielerin. Sie streckt jetzt ihren Kopf in die Marschrutka und meint: »Willst du nicht aussteigen?«

Markha holt mich zusammen mit ihrer Freundin Salome in Dschokolo ab. Dschokolo ist eines von zwölf Pankissi-Dörfern, die jeweils nur aus einer Straße mit ein paar Häusern bestehen.

Markha trägt ein bodenlanges Kleid, wie fast alle Frauen hier. »Wir müssen zu Fuß zu meinem Dorf gehen«, sagt sie. »Es ist nicht weit.«

An dem von Schlaglöchern übersäten Feldweg, die einzige Straße, die zum Dorf führt, liegt auch die einzige Herberge von Pankissi. Eigentlich wollte ich mich hier einmieten. Doch Markha fand 30 Euro pro Nacht seien viel zu teuer. 30 Euro für Vollpension! Außerdem sei das Guesthouse zu weit von ihrem Haus entfernt. Sie habe eine bessere Alternative für mich gefunden.

Markha spricht wunderbar Englisch. Salome dagegen kein Wort. Sie ist sehr schüchtern, ist nie aus Pankissi rausgekommen. Die Schule hat sie nicht besonders interessiert, nun hilft sie im elterlichen Haushalt und wartet, bis ein junger Kist um ihre Hand anhält. Denn sie möchte nur mit einem Kisten verheiratet sein. Markha erzählt dies mehr, als dass sie übersetzt.

»Wie alt ist Salome?«, frage ich Markha. Die dünne, kleine Frau sieht jung, aber auch alt aus. Es fehlt jegliche jugendliche Frische.

»Schätze«, meint Markha.

Oje! Es kann nur unangenehm und peinlich werden. Salomes Figur ist die einer jungen Frau, aber ihr Gesichtsausdruck wirkt alt, beinahe schon verhärmt. Vielleicht 32, überlege ich. Aber mit 32 ist eine Frau in Pankissi längst verheiratet. Also jünger.

»26, Salome ist 26«, sage ich. Markha grinst und übersetzt. Über Salomes Gesicht huscht ein Lächeln. Ist es ein anerkennendes Lächeln, weil ich richtig liege? Ist es ein verwundertes Lächeln, weil ich falsch liege?

»Salome ist 22«, verkündet Markha. »Du liegst ganz schön daneben.« Markha hat Spaß daran: »Jetzt schätze mich!«

Für mich ist sie deutlich über 30, doch nach der Erfahrung mit Salome sage ich lieber »28!«

Markha verzieht das Gesicht: »So alt sehe ich aus? Ich bin erst 26!« Sie hat also die magische 25 bereits überschritten. Wer in Georgien mit spätestens 25 noch nicht verheiratet ist, findet nicht so leicht einen Partner, da die potenziellen Kandidaten bereits vergeben sind. Auch Markha will nur einen Kist heiraten. Doch ihre Ansprüche sind hoch, denn er muss clever sein und ihr gleichzeitig die Reisen zu ihren Auftritten erlauben und natürlich müssen »unsere Herzen im selben Takt schlagen«. Zwar haben schon einige Männer an die Tür des Hauses geklopft, aber bisher war noch keiner dabei, der Markhas Ansprüche erfüllen konnte.

Das Pankissi-Tal wird von einem Flüsslein durchflossen. Kühe und Schafe weiden an seinen Ufern. Die Sonne lässt das Wasser glitzern. Flussaufwärts leuchten die schneebedeckten Kaukasusgipfel. Sattes Grün zeigt sich jetzt im Frühjahr auf den Wiesen, die Obstbäume blühen. Der Fluss plätschert. Ein Idyll.

Nach einigen hundert Metern verabschiedet sich Salome und schlüpft durch das grüne Blechtor in den elterlichen Hof. So schnell, als sei das kleine Anwesen ein Hort der Sicherheit, der Schutz bietet vor den Fragen der Deutschen. In den nächsten Tagen werde ich die schüchterne Salome nicht mehr zu Gesicht bekommen.

Markha und ich spazieren weiter die einzige Dorfstraße entlang. Es sind viel mehr Kühe und streunende Hunde als Autos unterwegs. Markha erzählt, sie sei in Pankissi geboren, dann mit den Eltern nach Tschetschenien gegangen, wegen des Krieges dort ist die Familie aber wieder ins Pankissi-Tal zurückgekehrt. Sie sieht sich zuallererst als Kistin, erst danach als Georgierin.

»Hier wohne ich«, Markha zeigt mit ausgestrecktem Arm auf ein kleines, baufälliges Haus hinter einer Mauer und einem hellblauen Blechtor, »zusammen mit meiner Mutter und meiner Großmutter. Gerade ist auch mein Bruder in Pankissi. Er ist 19 und lebt normalerweise in Tbilissi im Sportinternat. Er ist Ringer. Griechisch-römisch.

Der Beste seines Jahrgangs. Er hat schon internationale Kämpfe bestritten.– Du wohnst daneben, bei Gulnasi, da ist es schön. Bei uns im Haus ist es nicht schön.«

Ich schaue in Markhas Garten und fühle mich um Jahrhunderte zurückversetzt: Dort ist der ringende Bruder mit zwei anderen jungen Männern damit beschäftigt, ein kleines Feld umzupflügen. Aber nicht etwa mit einem Traktor, samt Egge oder Pflug, nein, die jungen Männer sind der Traktor und ziehen das Gerät von Hand. Für einen Traktor oder einen Ochsen, reicht das Geld nicht.

Als ich durch Gulnasis ebenfalls hellblau gestrichenes Blechtor trete, bin ich positiv überrascht. Ihr Haus ist eines der schönsten in der Straße. Eine große Wiese mit Obstbäumen, ein frisch umgegrabener von Osterglocken umgebener Nutzgarten sowie ein Stall gehören dazu. Gulnasi mit langem, dunklem Rock, einer dunkelroten Strickjacke und einem weißen Kopftuch kommt mir mit einem Eimer frisch gemolkener Milch und einem herzlichen Lachen entgegen. Zur Begrüßung gibt sie mir einen Kuss auf die Wange, tätschelt meinen Arm – und redet auf Russisch auf mich ein. Ich schaue sie entschuldigend an.»English?«, frage ich.

Gulnasi schüttelt den Kopf, dann deutet sie auf den Eimer mit der Milch.

»Nein, danke, ich möchte keine Milch«, sage ich auf Englisch. Sie erwidert etwas auf Russisch. Ich muss grinsen. Wir haben keine gemeinsame Sprache, sprechen beide aber in einer Fremdsprache, die die andere zwar kein Wort versteht, von der wir uns dennoch einbilden, die andere könne etwas davon verstehen.

Bevor ich die Treppen zum Wohnhaus betreten darf, muss ich die schon bereitgestellten Plastikschlappen anziehen. Dann geht sie voraus in das große, helle Zimmer mit drei Betten, einem kleinen Schreibtisch, einem Tisch mit drei Stühlen und einem großen Fernseher. In der Mitte des Zimmers steht ein großer Holzofen. Bunte Webteppiche überdecken das Grau des Fußbodens.

»Wenn du dich ängstigst, dann kann ich bei dir schlafen«, schlägt Markha vor, die gerade zur Tür reinkommt.

»Ich glaube nicht, dass ich mich ängstige«, erwidere ich, ohne zu wissen, dass ich diesen Satz noch bereuen werde.

Außer den drei Zimmern im Haus gibt es gleich nebenan ein Waschhaus mit Dusche, Waschbecken, Waschmaschine und Toilette. Zum Glück ist das Waschhaus höchstens fünf Meter vom Wohnhaus entfernt.

»Die ist nicht zu benutzen«, sagt Markha und deutet auf die Toilette. Auf meinen fragenden Blick führt sie mich auf einem Trampelpfad dreißig, vierzig Meter in den Garten zu einem windschiefen Holzverschlag. Der Trampelpfad ist von Kuhfladen gesäumt.

»Toilette«, meint Markha völlig ernst.

Ich öffne den Holzriegel, schiebe, drücke die Holztür zur Seite und schaue auf einen Betonboden mit einem nicht allzu großen Loch. In der Ecke sehe ich braunes Klopapier, hart und überhaupt nicht saugfähig. Daneben steht eine Kanne mit Wasser.

»Warum benutzt Gulnasi nicht die Sitztoilette im Waschhaus?«, frage ich.

»Wir machen das alle nicht. Diese Toilette ist viel besser. Ist auch weiter vom Haus entfernt«, meint Markha kurz und bündig.

Genau, das ist das Problem, denke ich. Zu weit vom Haus entfernt. Nirgendwo Licht, auch nicht im Plumpsklo. Wie soll das nachts gehen, wenn sich in den Gärten die streunenden Hunde tummeln oder die Kühe? Ich nehme mir vor, nachts auf keinen Fall diesen Verschlag aufzusuchen.

Gulnasi zeigt mir den Gasherd, er steht auf der überdachten Veranda, nicht in der Küche. »Wir kochen nur im Winter in der Küche«, lässt Gulnasi übersetzen. In der Küche gibt es kein Wasser, das muss im Waschhaus geholt werden. Dafür heißt es am Fuße der Treppe die Schlappen wechseln, um die fünf Meter mit anderen Schuhen über den Hof zu gehen, dann in die Schlappen fürs Waschhaus steigen, Wasser holen, die Schlappen wechseln, über den Hof gehen, die Schlappen wechseln, die Treppen hoch. Klingt umständlich? Ist umständlich!

Der Grund, warum ich nach Pankissi gekommen bin, sind die IS-Kämpfer. Warum schließen sich Männer aus diesem beschaulichen Tal der Terrorgruppe Islamischer Staat an? »Das Tal hat sich in den letzten zehn, fünfzehn Jahren verändert«, sagt Gulnasi nachdenklich.

Markha übersetzt: »Begonnen hat es mit dem Bau der neuen Moschee, in der ein ultraorthodoxer, wahabitischer Islam gepredigt wurde. Es heißt, die Moschee sei mit Geld aus Saudi-Arabien finanziert.«

Es ist Markha anzusehen, dass sie dies nicht gerne übersetzt. »Die Männer, die ständig in die Moschee kamen, fuhren dicke Autos. Sie warben junge Männer für den Kampf in Syrien an. Wahrscheinlich auf Befehl von Abu Omar al-Schischani, der ein bekannter IS-Kommandeur war und aus unserem Tal war.«

»War?«

Gulnasi nickt und fährt fort: »Mehr und mehr Mütter verloren ihre Söhne, es heißt an die 50 junge Männer aus dem Tal sind zum IS gegangen, davon ist die Hälfte ums Leben gekommen. Daraufhin schrieben die Ältesten einen Brief nach Tbilissi, zum Präsidenten oder ans Parlament, das weiß ich nicht so genau. Einige der Anwerber sind daraufhin ins Gefängnis gekommen, seitdem ist Ruhe.«

»Warum haben sich die jungen Männer auf den Islamischen Staat eingelassen?«, bohre ich weiter.

»Weil sie im Pankissi-Tal keine Zukunft haben. Dann sehen sie die Strenggläubigen, die Geld, dicke Autos und große Häuser haben. Denen folgen sie in die Moschee, wo ihnen beigebracht wird, dass das wahre Leben erst nach dem Tod beginnt.« Markha verdreht die Augen. Für die höfliche Gulnasi scheint dies das Zeichen zu sein, dass das Thema nun beendet ist. »Ich komme morgen früh zum Kühe melken«, lässt sie übersetzen. Dann geht Gulnasi zur Schule, sie unterrichtet Russisch. Bildung, Bildung, Bildung ist ihr Mantra und ihr Beitrag, damit die Jungen vielleicht eine Chance haben.

Nach dem Unterricht wird Gulnasi ins Nachbardorf gehen, um im Haus ihrer Mutter zu schlafen. Gehen bedeutet hier »gehen«, denn kaum einer hat ein Auto, in die winzigen Dörfer von Pankissi fährt auch keine Marschrutka, die fährt nur bis zur Hauptstraße.

Am Abend besucht mich Markha. Wir trinken Tee. Sie erzählt, dass Gulnasi das große Los gezogen hat. Außer der georgischen Staatsbürgerschaft hat sie auch die russische, weil sie einige Jahre in Russland gelebt hat. Nun bekommt sie eine Rente von monatlich 200 Euro, zusätzlich zu ihren Einkünften als Russischlehrerin. Doch das Geld ist nicht allein für Gulnasi. Zwar habe sie vor einigen Jahren ihren nichtsnutzigen, trinkenden Mann fortgejagt, aber ihre Tochter Sophia habe einen ähnlich nichtsnutzigen Mann geheiratet. Während Sophia in Tiflis studiert, mit ihrem kleinen Sohn mehrere Tage die Woche in einer Wohngemeinschaft in der Hauptstadt lebt, in der sich junge Mütter die Kinderbetreuung teilen, damit jede die wichtigsten Vorlesungen besuchen kann, macht ihr Mann in Pankissi – nichts. »Er macht halt, was die meisten Männer machen: rumsitzen, rauchen, quatschen und wichtig in die Gegend gucken«, meint Markha missbilligend.

Kindererziehung ist im patriarchischen Pankissi-Tal, so wie in ganz Georgien, Frauensache, da gibt es bei den traditionellen Kisten keine Diskussion. Aber eigentlich ist im patriarchischen Pankissi der Mann nicht nur der Kopf der Familie, sondern auch deren Ernährer. Doch das klappt bei Sophias Mann nicht so richtig. Also arbeitet Sophia auch noch neben Studium und Kleinkinderziehung, und Gulnasi bezahlt das WG-Zimmer und das Studium ihrer Tochter. Die circa 1700 Euro Studiengebühren sind kein Pappenstiel, wenn man bedenkt, dass das georgische Durchschnittsgehalt bei 400 Euro liegt und ein georgischer Rentner monatlich um die 65 Euro Rente erhält.

Markha nippt an ihrem Tee. »Ich habe Betriebswirtschaft studiert. Bis vor vier Jahren. Dann wurde meine Mutter schwer krank. Ich musste unterbrechen, weil wir das Geld für Medikamente gebraucht haben. Im Herbst muss ich das Studium wieder aufnehmen. Sonst verfällt alles, was ich bisher gemacht habe.« »Geht es denn deiner Mutter besser?«

Markha zuckt mit den Schultern. »Eigentlich nicht. Gut geht es ihr nur, wenn sie auftreten kann.«

Auf meinen fragenden Blick hin erzählt sie vom Aznash Laaman-Ensemble. »Meine Mutter Taisa, meine Tanten und ich, wir spielen Balalaika und singen traditionelle tschetschenische Lieder. Meine Mutter spielt auch Akkordeon. Zu unseren Auftritten tragen wir unsere Tracht.«

Jedes Jahr gehen die Frauen nach Frankreich auf Tournee, denn ihr Entdecker und »Manager« ist Yannick, ein französischer Musiker mit einem Faible für Weltmusik. Yannick hat sie vor ein paar Jahren im Internet entdeckt und angefragt, ob er für vier Wochen kommen und ihre Lieder kennenlernen dürfe. Da er dafür bezahlte und sie dringend Geld brauchten, sagten sie zu. Nun versorgt Yannik Aznash Laaman mit Auftritten.

»Wir haben auch schon in Deutschland gespielt. In Hamburg. Wie heißt dieser neue Konzertsaal doch gleich?«

»Elbphilharmonie?«, sage ich zögernd. Ich kann mir nicht vorstellen, dass das Quartett dort aufgetreten ist.

»Genau. Elbphilharmonie. Das war ein toller Abend.« Markha zeigt mir ein Youtube-Video – unverkennbar die Elbphilharmonie. Ich bin schwer beeindruckt.

»Dieses Jahr sind wir sechs Wochen in Frankreich. Mit vielen Auftritten. Von dem Geld, das ich bekomme, werde ich die Studiengebühren bezahlen können und meine Unterkunft in Tbilissi.«

Bakar hat sich für heute Abend noch zu Besuch angesagt. Bakar wohnt ein paar Häuser weiter, aber studiert in Tiflis und ist nur gelegentlich im Pankissi-Tal. Es hat sich bereits rumgesprochen, dass eine Fremde im Dorf ist, die Bakar kennenlernen möchte. Markha und er scheinen die einzigen im Tal zu sein, die englisch sprechen.

»Du wirst dich vielleicht wundern wie Bakar redet und sich benimmt«, baut Markha schon mal vor. »Du wirst vielleicht denken, Bakar ist schwul. Aber das ist er nicht. Ganz sicher nicht.«

Kurz darauf klopft Bakar an die Tür: groß, kräftig, dunkle Haare.

»Hallo, ich bin Bakar. Wie geht's?«, sagt er auf Deutsch.

Ich staune nicht schlecht und Bakar fährt auf Englisch fort: »Seit drei Wochen lerne ich Deutsch im Internet. So habe ich auch Englisch gelernt.«

Ich staune noch mehr. Worüber eigentlich? Über diesen krassen Oxford-Akzent? Über die Selbstverständlichkeit mit der Bakar im gottverlassenen Pankissi-Tal in mehreren Sprachen parliert? Oder doch über sein Auftreten?

Bakar ist auf alle Fälle schwul! Aber das kann er im homophoben Georgien und schon gar nicht im super-homophoben, machohaften, muslimischen Pankissi-Tal zugeben.

Seit dem Jahr 2000 ist Homosexualität in Georgien legal. Doch die georgisch-orthodoxe Kirche verteufelt Homosexualität und die Kirche hat einen großen Einfluss. Manche Stimmen sagen sogar: Die Kirche hat die Kommunisten ersetzt und verhält sich so autoritär wie einst die Roten. Kein Wunder also, dass Schwulsein in der Gesellschaft tabu ist. Denn 80 Prozent der Bevölkerung sehen sich selbst als streng religiös und wertkonservativ – quer durch alle Generationen. Die georgische Schriftstellerin Tamar Tandashvili sagte in einem Interview: »Es ist verrückt: Viele Homosexuelle kennen die kirchlichen Feiertage in Georgien auswendig. Warum? Aus Selbstschutz. Denn an solchen Tagen wird viel gesoffen und manch ein Macho kommt auf die Idee, er könnte doch den schwulen Nachbarn vermöbeln.«

Zwar gibt es eine kleine queere Gemeinde in Tiflis, aber offen als schwules Paar durch die Straßen zu gehen wäre selbst in der Hauptstadt unvorstellbar. Seit 2017 gibt es die Success Bar, die erste und einzige Schwulenbar in Georgien, der einzige öffentliche Ort im Land, an dem sich Schwule und Lesben treffen können. Doch die Success Bar wird immer wieder überfallen.

In einem Bericht der Organisation Gorbi – »Georgian Opinion Research Business International« – ist nachzulesen, dass elf Prozent der Georgierinnen und Georgier die Todesstrafe für Homosexuelle befürworten, 19 Prozent eine Gefängnisstrafe. Und satte 69 Prozent halten eine gesetzlich vorgeschriebene psychologische Beratung für ausgesprochen gut.

Besonders schlimm war es am 17. Mai 2013, dem internationalen Tag gegen Trans- und Homophobie. Ein paar Tage zuvor hatte der Patriarch, das Oberhaupt der georgisch-orthodoxen Kirche, behauptet: »Homosexualität ist eine Anomalie und Krankheit.« Dies legte eine tobende Menschenmenge in Tiflis als Freibrief aus und kesselte eine kleine Gruppe mutiger Aktivisten und Demonstranten ein, die sie dann mit Stühlen und Steinen attackierte. Auch Priester und Kirchenvertreter waren darunter, gehörten gar zu den Anführern. Nur drei Angreifer mussten eine Geldstrafe bezahlen, die anderen kamen ohne Strafe davon. Seither gilt der 17. Mai in Georgien für viele als Tag der »Reinheit der Familie«. – Armer Bakar!

Die Geschehnisse des 17. Mai 2013 gaben auch dem schwedischen Regisseur Levan Akin den Impuls für seinen viel beachteten Film »And then we danced« (Als wir tanzten). Akin, der georgische

Wurzeln hat, siedelt seinen Plot bei den Tänzerinnen und Tänzern des Georgian National Ensemble an, die den traditionellen georgischen Tanz pflegen, einen Tanz, in dem es keinen Platz für Schwäche gibt, dessen Grundlage das Maskuline ist. Der Plot: Merab trainiert seit seiner Kindheit mit Tanzpartnerin Mary. Als der charismatische, unbekümmerte Irakli zum Ensemble stößt, wird Merab's Welt auf den Kopf gestellt. Irakli wird nicht nur zu seinem größten Rivalen, sondern weckt auch ein sexuelles Verlangen in ihm. Ein Film, der bei den Internationalen Filmfestspielen in Cannes für Aufsehen sorgte. Ein Film, der es in Georgien in die Nachrichten schaffte und kontroverse Diskussionen auslöste. Schließlich sind die Georgier stolz, wenn es um ihr Land, ihre Kultur und Traditionen geht, aber gewürzt mit gleichgeschlechtlicher Liebe, das ist für die meisten Georgierinnen und Georgier dann doch zu viel. Als der Film in ein paar georgischen Kinos gezeigt wurde, mussten die Kinogänger von der Polizei vor aufgebrachten Demonstranten geschützt werden.

Kapitel 24

Allein im Haus

Es ist spät geworden. Wir haben viel geredet und noch mehr Tee getrunken. Ich liege auf Gulnasis harter Pritsche und lausche den vielen Geräuschen im Haus. Die Deckenbalken knarzen. Irgendein Tier, hoffentlich keine Ratte, ist im Nebenzimmer zu hören. Es wirft etwas um, huscht dann weiter. Draußen bellt ein Hund. Irgendwann wache ich mit prall gefüllter Blase auf. Ach, hätte ich doch keinen Tee getrunken! Draußen ist es stockdunkel. Ein Käuzchen ist zu hören. Meine Blase drückt. Ich versuche sie zu ignorieren, will wieder in den Schlaf finden. Doch das ist unmöglich. Ich muss dringend aufs Klo! Aber auf keinen Fall werde ich durch das rabenschwarze Dunkel der Nacht mit ihren unheimlichen Geräuschen zum Plumpsklo gehen. Ich taste nach dem Lichtschalter und sehe mich im Zimmer um: der Ofen in der Mitte, Schreibtisch, zwei weitere Betten, der Tisch, an dem wir vor ein paar Stunden gesessen haben. Nichts, was mich aus meiner misslichen Lage befreien könnte. Der Druck ist jetzt gewaltig. Trotzdem werde ich auf gar keinen Fall zum Plumpsklo gehen. Lieber, lieber mache ich … ja was?

Da, auf dem breiten Fenstersims stehen zwei große, leere, ausgewaschene Joghurt-Plastikbecher… ich zögere keinen Moment.

Unglaublich erleichtert lege ich mich wieder auf die Pritsche. Langsam schrumpft mein Bauch wieder auf Normalgröße. Doch an Schlaf ist nicht zu denken, das Tier im Nebenzimmer ist immer noch aktiv. Was, wenn es auch durch ein Loch in mein Schlafzimmer kommen kann und den Joghurtbecher umstößt? Was, wenn Gulnasi gerade dann zum Melken kommt, wenn ich den vollen Becher zum Plumpsklo trage?

Kapitel 25

Oma darf nicht sterben

»Wie hast du geschlafen?«, will Bakar wissen, als er mich am nächsten Morgen zu einer Wanderung abholt.

Ich lächle nur schief. Wir stehen vor Markhas Haus und staunen nicht schlecht, als sie durch die Tür kommt: Markha trägt ein knielanges, im Pankissi-Tal heißt es wahrscheinlich eher kniekurzes, schwarzes Kleid mit silbernen Glitzerpailletten. Dazu eine hüftkurze, dunkle Lederjacke und hochhackige Stiefel.

»Markha, wir gehen wandern«, wird sie von Bakar kopfschüttelnd begrüßt.

»Ich weiß«, erwidert sie fröhlich, »aber ihr seid so groß, da möchte ich höhere Schuhe tragen, um auch ein bisschen größer zu sein.«

Warum es dazu eines Kleides bedarf, das für einen Clubbesuch, aber ganz sicher nicht für eine Wanderung geeignet ist, verrät sie uns nicht.

Wir überqueren den Fluss. Ich wundere mich, dass jetzt, wo doch die Schneeschmelze in vollem Gang sein müsste, der Fluss so wenig Wasser führt, Wir laufen über einen breiten Talboden voll mit Geröll, das der Fluss einst herangeschafft hat und überqueren einen schmalen Bach. »Das ist kein Fluss mehr, das ist nichts«, sagt Markha verächtlich. »Die Chinesen haben flussaufwärts ein Wasserkraftwerk gebaut. Seitdem ist aus unserem stolzen Fluss ein kümmerliches Rinnsal geworden.«

»Es soll ein weiteres Kraftwerk gebaut werden, Khadori 3. Die Verantwortlichen sagen, dass das alte Kraftwerk den Energiebedarf nicht decken kann«, ergänzt Bakar. »Das schadet aber der Umwelt in unserem Tal. Und nicht nur hier.«

»Aber das werden wir nicht zulassen.« Markha gibt sich kämpferisch.

Tatsächlich gibt es, wenige Tage nachdem ich Pankissi verlassen habe, heftige Proteste, wie ich aus den Nachrichten erfahre. Auf einem Video sieht man Männer und Frauen, alte und junge, die mit Stöcken und Steinen auf Polizisten losgehen. Die wiederum verteidigen sich erst mit Schutzschilden, dann setzen sie Tränengas und Gummigeschosse ein. Im Hintergrund sieht man einen brennenden Bagger.

Im Pankissi-Tal spielen so viele Interessen mit, auch russische und tschetschenische, man ist nicht begeistert von all den chinesischen Aktivitäten in Georgien. Darum ist es schwer zu sagen, welche Gruppe bei den Protesten was wie steuert. Ich habe einen Bericht im »Georgian Journal« gelesen, in dem es heißt, dass die Proteste von außen, also von Russland und nicht von innen organisiert werden. Die Lage ist unübersichtlich. Es ist kompliziert.

Doch an diesem sonnigen Frühlingstag ist nichts von Unruhen zu spüren. Das frische Grün der Wiesen leuchtet nach dem Winterschlaf, eine Katze hat es sich auf einem verstaubten Gartenstuhl unter einer knospenden Magnolie bequem gemacht. Daneben blühen rote, gelbe und weiße Tulpen. Wir schlagen einen schmalen Pfad ein, balancieren über eine Brücke, die nichts weiter als ein Baumstamm ist. Markha schlägt sich in ihren hochhakigen Schuhen wacker. Allerdings wird der Pfad nun uneben und führt einen steilen Berg hinauf. Sie fällt weiter und weiter zurück, schwitzt, doch sie jammert nicht, sondern verdreht nur manchmal die Augen. Bakar schlägt vor, sie müsse ja nicht mit zum Wehrturm kommen. Sie könne einen einfacheren Weg gehen und wir träfen uns später wieder. Doch davon will Markha nichts wissen.

»Die Wehrtürme sind nur aus Steinen, ohne Mörtel, Bolzen oder Nägel gebaut«, erklärt Bakar als wir bei dem Turm ankommen. »Trotzdem hielten sie lange den verschiedensten Angriffen und dem Wetter stand. Der Wehrturm war rund um die Uhr besetzt, als Wachturm. Wie du siehst, gibt es keine Tür am Boden, man musste mit einer Leiter in den ersten Stock klettern, dort ist die Tür. Danach wurde die Leiter eingezogen, damit Angreifer den Turm nur schwer

einnehmen konnten. Wie viele Türme es hier gab, weiß ich nicht.«
Dieser, vielleicht zwanzig Meter hohe Wehrturm ist in einem bedenk-
lichen Zustand.

Heimatgeschichte ist Bakars Steckenpferd. Er berichtet, dass ungefähr zur selben Zeit, als die württembergischen Siedler gen Bolnisi
zogen, Tschetschenen angeworben wurden, um das Pankissi-Tal vor
Kämpfern aus Dagestan zu verteidigen. »So sind wir Kisten nach
Georgien gekommen. – Sobald marodierende Horden durchs Tal
zogen, sah man sie von den Türmen aus. Die Turmwächter warnten
dann die Familien, indem sie auf Hörnern bestimmte Signale bliesen.
Dann versteckten sich Frauen und Kinder in den Wehrtürmen, so
lange, bis die Gefahr vorüber war. Durch die Schießscharten wurden
Angreifer auf Distanz gehalten. Die meisten Männer kämpften.«

Endlich hat es auch Markha hierher geschafft. Sie ist außer Puste,
ihre Wangen glühen, auf ihrem Kleid zeigen sich Schweißflecken. An
den Absätzen ihrer Stiefel hängen Dreckklumpen. »Hier war ich noch
nie«, sagt sie schwer atmend

und wehrt sich entschieden gegen das Gruppen-Selfie, das Bakar
unbedingt machen möchte. Erst muss sie sich zurechtmachen. Sie
zieht tatsächlich einen Handspiegel aus der Jackentasche, wischt sich
die Schweißperlen von der Stirn und kämmt sich die Haare. Damit
man ihre Schweißflecke unter den Achseln nicht sehen kann, zieht
sie die Lederjacke an, atmet nochmals tief durch, nun ist sie bereit für
endlose Schnappschüsse.

Zwei Stunden später hat Markha ihren großen Auftritt. Wir spazieren
durch Dshokolo, das größte Pankissi-Dorf. Kurz vorm Dorf, in dem
nicht mehr als 500 Leute leben, hat Markha auf einer Pause bestan-
den, um sich erneut zurecht zu machen. An einem Brunnen werden
die Absätze vom Dreck befreit, das Gesicht gewaschen, die Haare
drapiert, die Lederjacke wieder angezogen. So langsam dämmert es
mir. Ihr Outfit hat rein gar nichts mit uns oder ihrer Größe zu tun,
sondern wurde von ihr für die zehn Minuten ausgewählt, die wir die
Hauptstraße entlangspazieren. Die hochhackigen Absätze klackern
auf dem Asphalt. Eine Gruppe junger Männer kommt uns entgegen.
Markhas Lachen wird eine Spur schriller, ihre Stimme piepsiger und

ihre Gesten ausladender. Leider scheinen die jungen Männer all das überhaupt nicht wahrzunehmen.

Am Ende des Dorfes sind die jungen Männer verschwunden und Markhas Wander-Motivation ist dahin. Sie nölt, jammert und meckert wie eine Vierjährige. Zum Glück spazieren wir auf der Hauptstraße, auf der Marschrutkas fahren und zum Glück kommt eine vorbei und nimmt uns mit. Am Ende müssen wir nur noch die zwei Kilometer von der Hauptstraße zu Markhas Dorf spazieren.

Vor dem Haus, in dem Markha wohnt, sitzt Taisa, ihre Mutter auf einer niedrigen Bank, die nur aus zwei Backsteinen und einem Brett besteht. Einladend klopft sie auf das Brett neben sich. Ich setze mich zu ihr. Markha setzt sich vor uns in die Hocke und beginnt von unserer Wanderung zu erzählen. Zu gerne würde ich ihre Version erfahren.

Eine Nachbarin gesellt sich zu uns aufs Bänkchen. Geschichtslehrerin sei sie, 44 und Single, schon immer gewesen, berichtet mir Markha alles Wissenswerte im Schnelldurchlauf. Die Nachbarin wohnt, wie Gulnasi, auch allein in ihrem Haus. Doch im Gegensatz zu Gulnasi, die mit ihrem Haus zufrieden ist, vergrößert die Geschichtslehrerin das ihre fortwährend.

»Otto von Bismarck hat die deutsche Wirtschaft angekurbelt und etabliert«, sagt die Geschichtslehrerin plötzlich auf Deutsch. Ich stutze über die unvermittelten Sätze, warte, ob noch mehr kommt. Doch die Geschichtslehrerin scheint nur einen kleinen Teil ihres Wissens preisgeben zu wollen, mehr als diese Kostprobe gibt es nicht.

»Dieses Haus steht leer, dieses steht auch leer, hier kommen die Leute nur manchmal zu Besuch.« Markha zeigt auf beinahe jedes zweite Haus in der Straße. Die meisten Einwohner scheinen Pankissi verlassen zu haben. Einige ehemalige Nachbarn leben jetzt in Tschetschenien oder Russland, manche in Tiflis oder in der Türkei. Manche sind gestorben und ihre Kinder interessieren sich nicht für ein Häuschen am Rande des Kaukasus. Oder haben keine Zeit oder kein Geld.

Markha zeigt mir nun ihr Haus. Es besteht aus Erdgeschoss und erstem Stock. Gleich im Eingangsbereich steht ein großer Ofen, auf dem gekocht wird, daneben eine Art Speisekammer. Daneben gibt es noch ein Zimmer mit zwei Betten darin. Hier schläft die 26-Jährige Markha zusammen mit ihrer Mutter. Gerade auch der Bruder, deshalb teilt sich Markha so lange das Bett mit ihrer Mutter.

Der PVC-Bodenbelag wellt sich an vielen Stellen, an anderen ist es so abgewetzt, dass sich das braune quadratische Muster nicht mehr erkennen lässt. Eine halbe Gipsplatte hängt von der Decke. Die Wände zieren eine verschlissene, helle Tapete mit blassen, grauen Blumenmotiven sowie zahlreiche Medaillen, die akkurat nebeneinander an der Wand hängen. Die Triumphe des kleinen Bruders sind ein Farbklecks und Lichtblick in dem sonst so heruntergekommenen Zimmer, das als Schlaf-, Ess- und Wohnzimmer dient.

Im Zimmer im ersten Stock liegt die Großmutter. Dorthin gehen wir nicht. »Großmutter muss schlafen«, meint Markha. »Großmutter braucht Ruhe.« Mit treuherzigem Augenaufschlag fügt sie hinzu: »Großmutter muss noch lange leben. Sie darf nicht sterben.«

Wie rührend, denke ich. Bis Markha nach einer kurzen Pause anmerkt: »Wir leben hauptsächlich von Großmutters Rente.« Auch ich wünsche nun der Großmutter in Gedanken ein langes Leben.

»Was machst du eigentlich den ganzen Tag?«, frage ich die 26-Jährige.

»Ich putze das Haus«, lautet ihre Antwort.

»Jeden Tag?«, möchte ich wissen, denke mir, dass die zwei Zimmer schnell sauber gemacht sind.

»Fast jeden Tag.«

»Ist es dir nicht langweilig?«

»Ein bisschen schon, aber ich putze ja das Haus. – Und ich freue mich auf die Auftritte in Frankreich. Und ab Herbst darf ich hoffentlich wieder studieren«, meint Markha wehmütig lächelnd.

»Was ist mit deinem Vater?«, frage ich.

»Er ist gegangen. Schon vor vielen Jahren. Er wohnt 20 Kilometer von hier. Hat aber nicht wieder geheiratet. Nicht so, wie Gulnasis Mann. Manchmal besuche ich Vater.«

»Gibt er euch Geld?«

Markha schnaubt verächtlich. »Wir mussten unser schönes Haus in Omalu, im Nachbardorf verkaufen. Seitdem wohnen wir in dieser baufälligen Bude.«

Dann greift Markha unters Bett und zieht ihre Balalaika hervor. Sie stimmt das Instrument, schließt die Augen, beginnt zu spielen und singt eines der traurigen tschetschenischen Volkslieder. Taisa kommt lächelnd zur Tür herein, schließt die Augen und singt mit.

Kapitel 26

Walk with car oder wo lerne ich kochen?

Wahrscheinlich war es naiv, sogar sehr naiv, zu denken, ich könne einfach kommen und mitmachen. Aber irgendwie dachte ich, die Georgier sind bestimmt spontan und flexibel. Ich wollte nämlich ein Praktikum in einem Restaurant machen, dessen Küche ich im letzten Jahr zur besten Georgiens auserkoren hatte. So raffiniert hatten sie mit Kräutern und Gewürzen gespielt, dass ich es nicht vergessen konnte. Den Namen des Restaurants hatte ich allerdings vergessen. Aber ich wusste, dass ich es in Mzcheta wiederfinden würde. Also bin ich erneut nach Mzechta gefahren, in die alte Hauptstadt Iberiens.

Weder interessiert mich das Gewand Jesu in der Sweti-Zchoweli-Kirche, noch der Garten des Künstlers Michail Mamulaschwili, stattdessen möchte ich gleich Probeessen in meinem kleinen Lieblingsrestaurant. Es ist warm genug, um an einem der Tische im Hof Platz zu nehmen. Die Speisekarte scheint ähnlich wie im letzten Jahr, nur die Preise haben deutlich angezogen. Es gibt noch diese herrlichen mit Sulguni-Käse und einer raffinierten Kräuter-Öl-Sauce in einem Tontopf überbackenen Pilze. Ich bilde mir ein, fast schon Koriander, Dill, Estragon und Thymian zu schmecken. Auch Badridschani, mit Walnusspaste gefüllte Auberginen, stehen auf der Speisekarte und natürlich Mzwadi, das georgische Schaschlik, das viele Stunden in einer Marinade aus Zwiebeln, Pfeffer, Lorbeerblättern, Wein und anderen Geheimnissen ruht. Andere Klassiker wie Salat mit Walnusspaste, Khinkali oder Katschapuri werden auch serviert. Ich entscheide mich für die Pilze, den Salat und für Shkhmenli, Brathühnchen mit Walnüssen und Knoblauch aus dem Tontopf. All das möchte ich kochen lernen und zwar so raffiniert, wie ich es hier im letzten Jahr gegessen habe. Mit Kombinationen aus süßsäuerlichen Aromen und Kräutersymphonien.

Eine recht mürrische Frau mit hochtoupierter Frisur, überlangem Glitzershirt, Leggins und hochhackigen Pumps nimmt meine Bestellung entgegen. Ihr Englisch ist rudimentär. Wo ist die freundliche Bedienung vom letzten Jahr geblieben, die wundervoll Englisch sprach und uns die Speisekarte erläuterte? Aus der Küche höre ich motzige, meckernde Töne. Im letzten Jahr herrschte hier fröhliche Stimmung. Die Frauen, alle in ihren Fünfzigern, saßen zwischen Mittags- und Abendandrang um einen runden Tisch, aßen, lachten und scherzten zusammen. Vielleicht haben sie heute einen schlechten Tag erwischt.

Und was für einen! Lieblos knallt mir eine andere Frau das Essen auf den Tisch. Ich beginne mit den Pilzen, meinen absoluten Favoriten. Sie sind heiß, der Käse ist weich, fast zerflossen, herrlich. Ich lade Pilze und Käse auf die Gabel und wundere mich, dass so wenig Flüssigkeit im Tontopf ist. Gleich darauf schmecke ich es auch: Bei den Pilzen fehlt die raffinierte Sauce aus Kräutern, die dem Gericht das spezielle Etwas geben sollte. Das hier wurde nach dem Prinzip schnell und schlampig zubereitet: Pilze in den Tontopf, Käse darüber, ab in den Backofen – zack fertig. Und so schmeckt es auch.

Hoffentlich ist wenigstens Kondari, der wilde Thymian, beim Hühnchen zu schmecken. Erwartungsvoll schneide ich ein Stück ab, leider keine Spur von Kondari, dafür aber Knoblauch und ein bisschen Walnuss. Ich koste – das Hühnchen ist lauwarm, beinahe kalt. Der Knoblauch dominiert, sodass ich fast nichts anderes schmecke. Enttäuscht koste ich vom Salat. Immerhin gibt es die Walnusspaste zu den leckeren Tomaten und den Gurken. Die Walnusspaste, sonst ein Highlight der georgischen Küche, ist immerhin okay. Ich esse ohne Begeisterung. War meine Erwartung zu hoch? Hat sich im Laufe des Jahres die Erinnerung in Sphären gesteigert, die es nie gegeben hat? Oder hat sich das Essen, hat sich die Belegschaft, das ganze Restaurant verändert? Als die Hochtoupierte mürrisch abräumt habe ich längst entschieden, dass ich hier kein Praktikum machen möchte.

Mit hängendem Kopf gehe ich in meine Unterkunft, die keine 100 Meter vom Restaurant entfernt ist. Dimitri, mein Vermieter, sitzt auf einer schmalen Bank auf der großen Terrasse mit Blick auf die Dshwari-Kirche, die auf einem Vorsprung des Sagurani-Bergrückens liegt und über die gesamte Region zu wachen scheint. Sie soll an der Stelle erbaut worden sein, an der die heilige Nino ein weithin sichtbares Holzkreuz errichtet haben soll.

Rosafarbene Kirschblüten schimmern zart im Licht der frühabendlichen Sonne. Dimitri klopft auf die Bank und nickt mir einladend zu. »Magst du Wein?«, fragt er in holprigem Englisch. Er wartet meine Antwort nicht ab, sondern holt ein kleines Wasserglas, hebt eine Zwei-Liter-Plastikflasche an und schenkt Weißwein ein. »Selbstgemacht!«, sagt er stolz. »Gagimardschos!«

»Hast du einen eigenen Weinberg?«, frage ich nach dem ersten Schluck, bei dem ich hauptsächlich Säure schmecke.

Dimitri schüttelt den Kopf. »Ich kaufe die Trauben, aber nicht den Wein. Keltern möchte ich selber, ich lerne noch, aber mein Wein schmeckt jedes Jahr etwas besser.«

Beim zweiten Glas erzähle ich Dimitri von der Enttäuschung beim Essen, von der schlechten Stimmung im Restaurant.

»Die Köchin ist weg«, weiß Dimitri. »Seither haben sie Probleme.«

»Und die freundliche Frau, die so gut Englisch spricht?«, frage ich.

»Ist auch weg.«

Beim dritten Glas erzähle ich Dimitri, dass ich nur deshalb wieder nach Mzcheta gekommen bin, weil ich hier, genau in diesem Restaurant, lernen wollte, georgisch zu kochen. Dimitri versteht – auch meine Enttäuschung. Beim vierten Glas passe ich, er greift zum Handy. Am Ende des Telefonats sagt er: »Komm' mit.«

Der Weg ist nicht weit: über die Straße, einen kleinen Weg entlang – ein kleiner, kläffender Hund begleitet uns so lange, bis wir das Ende seines Grundstücks erreicht haben – über die nächste Straße, bei zwei parkenden Autos steht rauchend Irakli.

»Boss von Casino«, stellt Dimitri seinen Freund vor und zeigt auf das unter einer Tanne geduckte Haus mit dem kleinen Restaurant. Dimitri erklärt Irakli mein Anliegen, es geht hin und her.

»Kochen kannst du hier nicht, strenge Hygienevorschriften«, sagt Dimitri. »Aber zuschauen. Ein bisschen. Was möchtest du lernen?«

»Alles!«

Dimitri lacht, sodass sein Bauch hüpft. »Geht nicht. Nur eins.«
»Khinkali«, antworte ich spontan.

Irakli nickt und Dimitri erläutert den Plan: Sobald jemand im
Casino Khinkali bestellt, rufen sie an. Ich flitze dann über die Straße,
den schmalen Weg entlang, erneut über die Straße, bis ich am Hintereingang vom Casino stehe, die Köchin wird mich reinlassen und ich
kann zuschauen, wie man Khinkali macht. Das ist besser als nichts.
– Irakli drückt die Türklinke zum Hintereingang, schon stehen wir in
der winzigen Küche des Casinos.

»Nino«, stellt er die Köchin vor. Nino ist zwischen 30 und 40,
hat schwarz gefärbtes, halblanges Haar. Ihre Augen sind tief schwarz
Kajal-umrandet, dazu viel grauer Lidschatten und dick aufgetragene
Wimperntusche. Die Konturen des Lippenstifts lassen sich nur noch
erahnen. Ich weiß nicht warum, aber eine Köchin bei der Arbeit habe
ich mir immer ungeschminkt vorgestellt. Nino trägt eine dunkelblaue
Kittelschürze mit kyrillischen Buchstaben drauf. Ihr Händedruck ist
kräftig. Wie Irakli versteht auch sie kein Englisch. Aber in der kleinen
Küche ist es heimelig. Am liebsten wäre ich geblieben. Doch Dimitri
schüttelt den Kopf.

Zuhause füllt er mir das Glas ein weiteres Mal. Entweder war die
Abmachung doch nicht so sicher, vielleicht hat tatsächlich an diesem
Abend niemand mehr im Casino Khinkali bestellt. Jedenfalls meldet
sich Nino nicht. Als ich am nächsten Tag von einem Spaziergang
zurückkomme und hoffnungsfroh zu Dimitri gehe, schüttelt er nur
den Kopf. »No Khinkali.«

Er sieht mein enttäuschtes Gesicht und möchte mir eine Freude
bereiten. »Let's go! Walk with car!«

Walk with car – klingt gut und ist viel besser als Rumzusitzen,
Däumchen drehen und abwarten, bis vielleicht irgendjemand Khinkali bestellt. Wir verlassen Mzcheta hügelaufwärts, einige hundert
Meter fahren wir an den eingezäunten Gräbern des Friedhofes entlang. Zwischen zwei Gräbern biegt Dimitri nach links ab, wo nur noch
ein schmaler Feldweg zu sehen ist, der zu weiteren Gräbern führt. Das
Ziel unseres »car walk« ist tatsächlich der Friedhof. Jede Familie hat
ihre eigene, eingezäunte Gräberparzelle. Auf den Grabsteinen sind die
Porträts der Verstorbenen zu sehen. Dimitri zeigt auf das Grab einer

vor fünf Jahren verstorbenen Frau, auf deren dunklem Grabstein zu lesen ist, dass sie nur 48 Jahre alt wurde.

»My sister. Cancer.«

Außer der dem Krebs erlegenen Schwester liegen auch Dimitris Vater, Onkel und Tante sowie Tante Lizi in der Gräberparzelle. Lizi sieht auf dem eingravierten Bild sehr nett und fröhlich aus.

»Tante Lizi war toll«, schwärmt Dimitri. »Sie war Single – und meine Lieblingstante.«

Darum hat er seine eigene Tochter nach ihr benannt. »Ich habe Lizi, deine Tochter, noch nicht gesehen«, sage ich zu Dimitri.

Er seufzt. »Lizi wohnt mit ihrer Mama in Tbilissi. Aber sie besucht mich. Manchmal.« Die Sehnsucht ist nicht nur in seiner Stimme zu hören. Dimitris Augen und seine Mimik drücken dasselbe aus. Armer Dimitri!

Die Aussicht von hier oben ist phänomenal: Der Zusammenfluss von Aragwi und Mtkwari. Die kleine, kompakte Stadt mit der berühmten Sweti-Zchoweli-Kirche. Der Berg mit der von überall aus der Umgebung sichtbaren Dshwari-Kreuzkirche, UNESCO-Weltkulturerbe. Außerdem noch so manches Kloster in den Sagurani-Bergen, das in keinem Reiseführer steht, Klöster, die nur die Einheimischen kennen.

Warum liegen viele georgische Friedhöfe auf dem Berg? Sollen die Toten dem Himmel näher sein? Und warum ist Dimitri mit mir hierhergekommen?

Als habe er meine stumme Frage gehört, sagt er: »Ostern besuchen wir die Gräber und ehren die Toten. Dafür müssen die Gräber schön sein. Ich muss schauen, was es bis dahin bei den Gräbern zu tun gibt.«

Einiges, denke ich mir. Die verblühten Osterglocken lassen die Köpfe hängen, Unkraut sprießt neben den Platten, die den Weg zum Grabstein ebnen. Auf Lizis Grabstein sind die Hinterlassenschaften von Vögeln zu sehen. Und der Plastikblumenstrauß in der Plastikvase hat den Winter nicht schadlos überstanden. Dimitri scheint all dies mit seinem Blick zu scannen. Unser Ausflug neigt sich dem Ende zu. Walk with car!

Als am frühen Abend immer noch kein Anruf aus dem Casino gekommen ist, beschließe ich, hinzugehen.

»No Khinkali«, meint Nino zur Begrüßung.

»Khinkali«, sage ich und deute mit dem Zeigefinger auf mich. Ich möchte Khinkali bestellen.

Nino deutet mir, dass ich sagen soll, wie viele Teigtaschen ich verdrücken möchte. Ich zeige ihr sechs Finger. Nino nickt, geht zum Kühlschrank und holt den bereits fertigen Teig heraus. Mit dem Messer schneidet sie ein kleines Stück ab, der Rest kommt wieder in den Kühlschrank. Das Teigstück teilt Nino geschwind in sechs Teile, nimmt einen der Teile, drückt ihn mit den Handflächen platt, dann wirft sie eine uralte Nudelmaschine an. Es rattert laut, Nino gibt das Teigstück sachte in die Maschine und vorne kommt ein dünnes Etwas von Teig heraus. Sechsmal wiederholt Nino dies, dann ist die Köchin mit den Teigstücken zufrieden, die Maschine wird abgestellt. Erneut ein Griff in den Kühlschrank, dieses Mal kommt eine gelbe Plastikschüssel mit einer Masse aus Hackfleisch, Zwiebeln, Salz, Pfeffer, Koriander und Petersilie hervor. Nino schmeckt die Füllung ab, gibt noch etwas Pfeffer sowie ein Glas lauwarmes Wasser hinzu und schmeckt erneut ab. Die Fleischmasse ist ziemlich flüssig. Für heimische Maultaschen wäre diese Konsistenz völlig ungeeignet und würde sich innerhalb kürzester Zeit aus dem Nudelteig verabschieden.

Nino gibt einen Esslöffel Fleischmasse auf ein Teigstück, mit großer Fingerfertigkeit legt sie das Stückchen Teig in viele kleine Falten, schließt die Füllung ein und verschließt die Spitze dann mit einem gedrehten Knoten, sodass das Teigsäckchen beim Kochen nicht aufgehen kann. In Windeseile faltet Nino die sechs Säckchen, jedes zeigt sie mir auf der flachen Hand, bevor sie es ins kochende Salzwasser gibt. Sobald die Teigtaschen oben schwimmen, sind sie fertig. Nino holt sie aus dem Wasser, pfeffert sie nochmals leicht, dann darf ich meine Khinkali an den Tisch tragen.

Khinkali werden nur mit der Gabel oder mit den Fingern gegessen. Ich beiße leicht in den Teig, um die Flüssigkeit auszuschlürfen, erst danach wird die Khinkali-Teigtasche endgültig verspeist. Köstlich! Ein Gedicht! – Am Nachbartisch wird eine große Platte voll mit Khinkali serviert. Ob dies tatsächlich die ersten Khinkali-Bestellungen der letzten Tage waren?

Kapitel 27

Hauptstadt der schwebenden Särge

Es ruckelt, es quietscht und knarzt. Es knirscht und ächzt, schüttelt und vibriert. Eine Windböe lässt die enge, rostige Kabine in schwindelerregender Höhe schaukeln. Die Chinesin, die ebenfalls nach oben will, klammert sich an meinen Arm. Zusammen mit einem alten Mann und einer mit Einkaufstaschen bepackten Frau sowie der Seilbahnbegleiterin schaukeln wir in einer rostigen, metallenen Kabine aus der Sowjetzeit vom Tal auf den Berg. Es gibt ein Notfalltelefon, doch das hat bereits 1994 den Geist aufgegeben. Unsere Seilbahnbegleiterin grinst: Willkommen in der Sowjetunion, willkommen zu der Zeitreise in die 50er Jahre. Willkommen in Tschiatura, der Hauptstadt der Seilbahnen. Manche nennen die alten Bahnen auch »schwebende Särge«. Der Begriff ist im Moment allzu passend. Ein verunsicherter Blick hinauf zum Stahlseil, an das sich das wackelige Gefährt seit Jahrzehnten klammert. Doch auch dieses Mal geht die Fahrt gut zu Ende, so wie fast immer. Erleichtert steigen wir aus der Kabine der Stalin-Bahn und betreten die einst elegante Bergstation, die mit bröckelndem Liebreiz wie ein Palast auf dem Berg thront.

Stalin war es auch, dem die Seilbahnen von Tschiatura zu verdanken sind. Die Stalin-Bahn war die erste Seilbahn der Sowjetunion. In Tschiatura wollte der Diktator sowjetische Ingenieurskunst unter Beweis stellen, denn Tschiatura hat dafür die perfekte geografische Lage: das schmale, tief eingeschnittene Tal des Kwirila, in dessen mehrere Hundert Meter hohen, steil aufragenden Hängen immer noch Manganerz schlummert. Viele der Minen-Arbeiter leben in den Bergdörfern, die oberhalb der Bergwerke und auch oberhalb der Stadt liegen. Ohne die kostenlosen Seilbahnen, die die Kumpels schnell zur Arbeit, ihre Familien zum Arzt oder zum Einkaufen, die Kinder zur Schule bringen, wäre das Leben hier furchtbar umständlich. Alle wären Stunden unterwegs. So sind es nur ein paar Minuten täglicher Mutprobe.

Von hier oben sieht Tschiatura freundlich aus: das gelb gestrichene Rathaus, eher ein repräsentiver Palast als ein Zweckbau, die bunt angemalten Plattenbauten, die Straße, die sich durch die Stadt schlängelt, die Brücken, der Fluss. Flussaufwärts zeigt sich ein anderes Bild: graue Abraumhalden, extreme Umweltverschmutzung, ein Fluss, in dem nichts lebt, graue Industriebrache, heruntergekommen, veraltet, zerfallen. Trotzdem bewegt sich ein Lastwagen durch die Brache. Von hier oben sieht er so vorsintflutlich aus, wie die ganze Industrieanlage.

Unglaublich, dass hier immer noch Mangan gefördert wird. Wenn auch nicht mehr in den Mengen wie früher, denn die Vorkommen sind endlich. Einst war die Gegend um Tschiatura das wichtigste Mangan-Fördergebiet, fast die Hälfte der Weltproduktion kam in der Blütezeit, den 50er und 60er Jahren, aus Tschiatura. Heute lebt die Stadt mehr schlecht als recht vom Manganabbau.

Mangan, das silberweiße, harte, für die Stahlindustrie so wichtige Metall diente nach der Oktoberrevolution im Jahr 1917 dem Aufbau der sowjetischen Schwerindustrie. Zur Förderung des Erzes und zur Beförderung der Kumpel in dem schwer zugänglichen Abbaugebiet und zu den Stollen brauchte es die Seilbahnen. Vor deren Errichtung mussten die Arbeiter die Schlucht bis zur Mine hinauf- und hinuntergehen, das kostete viel Zeit und Energie.

Eigentlich will ich mit der nächsten Bahn wieder nach unten. Ich schaue ins Kabuff, in dem sich die Seilbahnführerin aufhält, wenn sie nicht über das Tal schwebt, doch dies ist leer. Ein Mann schlappt um die Ecke und gibt mir durch Zeigen auf seine Armbanduhr mit gesprungenem Glas zu verstehen, dass nun eine Stunde Mittagspause ist. Er setzt sich auf eine Bank, zündet sich eine Zigarette an und schaut in stoischer Ruhe hinunter ins Tal. Was soll er auch sonst tun? Auf dem schmalen Fußweg hinab ins Dorf benötigt er länger als eine Stunde. Das Taxi ist teuer.

Hinter der Bergstation stehen drei vielgeschossige, graue, heruntergekommene Plattenbauten. Die sind bestimmt unbewohnt, denke ich, hier kann niemand wohnen. Viele Fenster sind mehr schlecht als recht mit Kartons verklebt. Die schmalen Balkone zu betreten bedeutet wahrscheinlich Lebensgefahr. Irgendwo tropft Wasser. Doch dann ist da eine Bewegung hinter einem Vorhang. Eine Etage höher steht eine mickrige Topfpflanze auf dem Fensterbrett. Das Haus, das bei uns als Bruchbude bezeichnet und zum Abriss freigegeben würde, ist bewohnt. Und die Bewohner brauchen die klapprigen, in die Jahre gekommenen Seilbahnen, um in die Stadt zu gelangen. Hier oben in der Bergsiedlung gibt es nichts, außer den halbverfallenen Hochhäusern und einer Art moderner Freiluft-Muskelbude mit Fitnessgeräten, überdacht und mit blauem, leicht federnden Boden versehen – keinen Bäcker, keinen Metzger, keinen Gemüseladen, keinen Arzt. Ohne Seilbahnen müssten die Bewohner sich und die Einkäufe nach oben schleppen. Vielleicht wurden die Fitnessgeräte genau deshalb dort hingestellt: Bei regelmäßigem Training wären die Bergbewohner fit genug, um zügig bergab oder bergauf zu kommen, falls die Seilbahnen doch mal den Dienst quittieren würden. Allerdings scheinen die Geräte nicht sonderlich beliebt zu sein, sie sehen nahezu unbenutzt aus.

Auf der anderen Talseite ist ein gewaltiger Schriftzug zu lesen. Wegen seiner Größe erinnert er an die »Hollywood«-Buchstaben in Los Angeles. »Tschiatura mein Stolz« – ist darauf zu lesen. Stolz waren sie früher sicherlich auf ihre Stadt und ihre Arbeit in den Stollen. Früher soll es im einstigen Arbeiterparadies an die 80 Seilbahnen gegeben haben: 26 für die Menschen und mehr als 50 fürs Erz. Jetzt sind es noch sieben, doch nur noch zwei oder drei sind für die Menschen.

Pünktlich nach einer Stunde ist die Mittagspause beendet: Hinab schweben wir über steile Abhänge, tiefe Schluchten, über die Dächer der Stadt – endlich wieder unten, entdecke ich erst die Porträts von Stalin und Lenin, die mit Flusskieseln am Gebäude der Gondelstation verewigt wurden, dann einen, der wohl schon lange wartet: Ein Bergarbeiter sitzt mit unbeweglicher Miene, mit Schaufel und Spitzhacke in der Hand auf einer Bank und wartet – überlebensgroß als Wandgemälde im Stil des sozialistischen Realismus.

Die gegenüberliegende Friedensbahn, mit der man auf die andere Talseite fahren kann, steht schon bereit. Die Friedensbahn ist die Krönung der Ingenieurskunst: 48 Grad Neigung, eine der steilsten Seilbahnen der Welt. Himmelblaue Kabinen, um dem Himmel näherzukommen. Es windet ein bisschen. Ich habe gelesen, dass die Fahrt bei starkem Wind eingestellt wird. Hoffentlich frischt der Wind nicht auf, schon gar nicht auf halber Strecke. Mit einem Ächzen setzen sich die Metallbüchsen in Bewegung. Ein Mann, der mit uns in der engen Kabine steht, scheint einen besonderen Humor zu haben: »Ja, es ist schon ein gefährliches Transportmittel. Bei Stromausfall bleiben wir stecken«, meint er, »es kann reinregnen und bei Wind schaukelt es munter.« Ich versuche genauso munter zu lächeln. Er hat seinen Humor noch nicht ausgereizt: »Der Mechaniker ist täglich im Einsatz. Er muss improvisieren, denn es gibt keine neuen Ersatzteile.«

Endlich scheint er uns lange genug getriezt zu haben: »Unsere Seilbahnen sind zuverlässig wie ein Uhrwerk.«

Ich nicke erleichtert. Auch diese Mal ist die Seilbahn zuverlässig. Oben begrüßt uns die Seilbahnführerin mit einem freundlichen Kopfnicken. Seit 30 Jahren mache sie die Arbeit bereits. »Ich liebe das Geräusch der Maschinen. Es ist wie ein Wiegenlied für mich.« Dann berichtet sie, dass Betrunkene nicht mit der Seilbahn fahren dürfen. Das ist Vorschrift. Doch wie sollen die Kumpels nach Hause kommen, wenn sie mal gefeiert und dabei einen über den Durst getrunken haben? Die Seilbahnbegleiterinnen setzten sich zusammen, beratschlagten und kamen zu dem Entschluss, dass sie die betrunkenen Kumpels während der Fahrt einfach umarmen, damit sie nicht rausfallen können, denn die Türe lässt sich während der Fahrt doch recht leicht öffnen.

Ich frage, ob es wirklich keine Ersatzteile gibt. Sie bestätigt dies. »Aber unser Mechaniker ist ein sehr kreativer Mann. Er kann die alten Maschinen reparieren, sodass alles in Ordnung ist. Sonst würden wir keine Betriebserlaubnis bekommen.«

Nur einmal, im Jahr 2007, gab es eine Panne. Bei Sturm und Regen riss ein Antriebsseil, die zwei Kabinen stoppten und die Leute mussten zwölf Stunden über Felsen und Wildbächen ausharren, bis ein Rettungsteam aus Tiflis kam und alle nach und nach bergen konnte.

»Da drüben sitzt Frank. Ein Deutscher. Er wird sich freuen, dich zu sehen«, sagt die Frau an der Hotel-Rezeption. »Fraaaank«, ruft sie auch gleich.

Ein großer schlanker Mann mit dünnem Zopf schüttelt mir nun die Hand. Frank ist schonbeinahe sieben Monate in Tschiatura, um eine gewaltige Maschine zum Manganabbau aufzubauen. »Die Anlage ist moderner und umweltfreundlicher als alles, was hier in Betrieb ist«, sagt er. Wenn ich an den völlig verdreckten, eigentlich toten Fluss denke, ist »umweltfreundlicher« mehr als nötig. Bisher wird das Erz geschürft und gewaschen und der hochgiftige Rest landet dann im Fluss.

Bei einer Flasche Wein erzählt Frank, dass die Russen bei ihrem Abzug aus Tschiatura alles mitgenommen hätten, was nicht niet- und nagelfest war. Mit den zurückgelassenen, rudimentären Gerätschaften arbeiten die Leute noch heute. Das Staatliche Bergbauunternehmen musste damals Konkurs anmelden. Strom- und Wasserversorgung sind zusammengebrochen. Die Wohnblocks wurden mit Holz beheizt, weil das sowjetische Fernwärmenetz zerfiel. Das Wasser musste vom Brunnen geholt werden. Wir sprechen von den 1990er Jahren. Wer konnte, verließ die Stadt, sodass sich die Einwohnerzahl Tschiaturas binnen kurzer Zeit halbierte.

Die Kumpels, die heute noch in Tschiatura arbeiten, verdienen wenig Geld. Dementsprechend schlecht motiviert sind sie. »Aber ich brauche sie«, meint Frank. »Anfangs war ich freundlich, habe Verständnis gezeigt. Doch dann ging nichts voran. Dazu kam, dass ich eine Übersetzerin hatte. Sie war sicher sehr kompetent, doch von einer Frau ließen sich die Kumpels nichts sagen. Jetzt übersetzt ein Mann, ein großer, mit ordentlich Gewicht. Wenn ich tobe, dann tobt er auch. Das wirkt bei den Männern.«

Trotzdem geht der Aufbau langsam voran. Gerade heute kam die Nachricht, dass Frank noch einen weiteren Monat in Tschiatura bleiben muss.

Modernisierung ist das Schlagwort, das in Tschiatura immer wieder zu hören ist. Die Seilbahnen sollen modernisiert werden. An der Hauptstation wurde bereits gebaut, die Stützen stehen, doch dann verunglückte einer der Arbeiter tödlich, seitdem steht der Bau still und auf die Gondeln mit den bequemen Sitzmöglichkeiten und der Klimaanlage wird weiterhin gewartet.

Nicht alle in der Stadt sind für eine Modernisierung. Denn jetzt kommen erste Touristen, die sich vor den Seilbahnen knipsen oder eine Fahrt wagen. »Wenn wir Touristen anlocken wollen, müssen wir die alten Gondeln erhalten. Sonst verliert Tschiatura seinen einzigartigen Charme«, sagt die Frau an der Hotel-Rezeption und fügt einen Scherz hinzu: »Tschiatura mit seinen Gondeln ist wie Venedig, nur mit viel weniger Touristen.«

Tschiaturas Geschichte ist – um im Bild zu bleiben – eine Berg- und Talfahrt. Aber irgendwie werden die Bewohner das schon schaukeln, schaukeln sind sie gewohnt.

Kapitel 28

Dem Himmel so nah

Hinter Tschiatura windet sich eine kurvige Straße den Berg hinauf. Mit Bernado, einem spanischen Pianisten, teile ich ein Taxi. Schon nach wenigen Kilometern ist von den Seilbahnen, der Industriebrache und dem schmutzigen Fluss, der durch Tschiatura fließt, nichts mehr zu erkennen. Stattdessen Bäume, Bäume, Bäume, ein paar Wiesen und Felder und ein weiteres, steil eingeschnittenes Tal. Wir öffnen die Fenster, beide haben wir das Bedürfnis tief einzuatmen, die Lungen mit sauberer Luft zu füllen.

Das Autoradio spielt georgischen Männergesang, es klingt unwirklich, gewöhnungsbedürftig, sogar ein bisschen furchterregend. Nicht gerade harmonisch, aber ein schöner Bass-Brummton sorgt für einen ganz besonderen Klang.

»Polyphoner Gesang«, sagt Bernado.

Dieser polyphone Gesang gehört seit 2001 zum immateriellen Kulturerbe der Menschheit; dass es diese Kategorie bei der UNESCO gibt, allein das gefällt mir schon.

Bernado, der Berufsmusiker kennt sich mit der Musik und der Mehrstimmigkeit aus: »Meist sind es drei Stimmen, die die gleiche Wertigkeit haben, es gibt keine führende Stimme, wie bei der westlichen Musik. Dur und Moll als Gegensätze gibt es auch nicht, die Melodien unterliegen keiner bindenden Tonart. Und die Abstände zwischen den einzelnen Noten entsprechen nicht unserem Gebrauch, sie haben eine viel größere Bandbreite von Zwischentönen als wir sie haben. Darum klingen die Harmonien für unsere Ohren etwas verstimmt. Es klingt wie ein großer Streit – wie Dissonanz – der später aber geschlichtet wird und dann kommen alle Töne in Harmonie zusammen. Und es gibt immer diese deutlich mitschwingende Frequenz.«

Ich lausche, versuche Bernados Erklärungen nachzuvollziehen, tatsächlich was gerade noch unrund klang, fügt sich zusammen. Der Taxifahrer hat mitbekommen worüber wir sprechen, er stellt den Gesang lauter. Wir fahren immer noch an Feldern und Baumreihen vorbei. »Die polyphone Musik ist uralt, viel älter als die europäische Mehrstimmigkeit. Die Musik half mit, das soziale und rituelle Leben zu gestalten. Viele Volkslieder und Kirchenlieder wurden und werden in Georgien polyphon gesungen. Gesungen wird sowieso viel: auf dem Feld, bei der Ernte, an der gedeckten Tafel, im Gottesdienst.«

Seit 1801 griff das Zarenreich gierig nach Georgien. Um dessen Identität zu zerschlagen, tauften die neuen Herrscher ihre Kolonie Grusinien. Sie gliederten die bis dahin eigenständige Kirche der russisch-orthodoxen ein, und die farbenfrohen Fresken wurden weiß übertüncht. Dennoch überstanden die polyphonen Kirchengesänge diese Zeit, vielleicht auch, weil sie, wie die Volkslieder, nur mündlich überliefert wurden.

Der russische Komponist Igor Strawinsky (1882-1971) soll gesagt haben: »Was die Georgier singen ist wichtiger als alle Neuentdeckungen der modernen Musik. Es ist unvergleichlich und zugleich einfach. Ich habe nie etwas Besseres gehört. – Ich wäre ein besserer Komponist geworden, hätte ich die georgische Musik früher kennengelernt.«

Damals konnte Strawinsky noch nicht wissen, dass es der polyphone Gesang noch bis ins Weltall schaffen würde. Bei dem Flug der Raumsonde Voyager II zur Erforschung des äußeren Planetensystems 1977 waren Beispiele der schönsten Menschheitszeugnisse an Bord (und sind es immer noch): neben Musik von Beethoven, den Beatles und Louis Armstrong auch das polyphone georgische Volkslied »Chakrulo«.

Vor lauter polyphoner Musik hätten wir beinahe die schlanke Felsnadel aus Kalkstein, die Katskhi-Säule, übersehen. Zum Glück weiß unser Taxifahrer genau, wo der 40 Meter hohe Monolith steht. Eigentlich ist die Katskhi-Säule nichts weiter als der Erosionsrest eines Kalksteinplateaus, in das sich der Kazchura-Fluss eingegraben hat. Doch für die

Einheimischen ist sie die Säule des Lebens. Das liegt sicherlich an dem winzigen Kloster, das auf dem nahezu rechteckigen Monolith steht.

Das Taxi hält, wir gehen einen steilen Weg hinauf, den Kopf immer im Nacken, wir wollen die Säule nicht aus den Augen lassen. An deren Fuß angekommen, können wir eins der zwei Gebäude dort oben sehen. Zehn mal fünfzehn Meter, mehr Platz steht auf der Säule nicht zur Verfügung, die kleine Kirche soll 3,5 mal 4,5 Meter groß sein. Dann steht noch ein bescheidenes Wohnhaus, aber immerhin mit Weinkeller, in schwindelnder Höhe. Dort 40 Meter über dem Grund lebt der Mönch Maxim Qavtaradze und Wein gehört zum georgischen Leben, auch zu einem Mönchsleben. Und erst recht zu einem Leben auf einer Säule. Wie gut, dass Maxim in seinem ersten Leben Kranführer war.

Schon im 10. Jahrhundert soll das Kloster dort oben errichtet worden sein. Es heißt, es sei mit dem Einfall der Osmanen in Georgien, also im 16. Jahrhundert, aufgegeben worden. Längst war das Kloster zerfallen, nichts als Ruinen, als am 29.7.1944 ein Team aus Bergsteigern, Architekten und Schriftstellern die Felsnadel erklomm. In den Ruinen wurden später, bei archäologischen Untersuchungen, drei Zellen gefunden, demnach haben früher mehrere Mönche gleichzeitig dort oben gelebt. Außerdem entdeckten die Archäologen die Überreste eines Verstorbenen, vermutlich des bis dato letzten Klosterbewohners. Seine Überreste ruhen nun in der Krypta der wieder aufgebauten Kapelle am Fuße der Säule.

Im Jahr 1993 stieg der Mönch Maxim Qavtaradze auf die Kalksteinsäule, um dort ein Leben nach dem Vorbild der Säulenheiligen zu führen. Die Heiligen leben auf einer Säule, um den Verführungen der Welt zu entgehen. Frauen hatten und haben selbstverständlich keinen Zutritt.

Als der Mönch Maxim noch Kranfahrer war, war er eher ein Kleinkrimineller und weniger ein Heiliger. In einem Interview mit der Daily Mail sagte er: »Als ich jung war, trank ich und verkaufte Drogen, all so was. Als ich im Gefängnis landete, wusste ich, dass die Zeit für Veränderung gekommen war.« Also wartete er, bis er seine Strafe abgesessen hatte, dann stieg er nicht mehr auf den Kran, sondern wurde Mönch und stieg auf die Kalksteinsäule – um weit weg von den Versuchungen, dafür Gott und dem Himmel ganz nah zu sein.

Mit Hilfe der »National Agency for Cultural Heritage Preservation of Georgia« hat er das Kirchlein wiederaufgebaut. Dorfbewohner und Gläubige versorgen ihn mit Lebensmitteln und dem, was er sonst noch braucht. Alles wird an einem Seilzug nach oben transportiert. Ohne diesen Aufzug wäre es für den Mönch unmöglich dort oben zu leben. Die Männer der vergangenen Zeit müssen etwas ähnliches wie diesen Seilzug für ihre Versorgung benützt haben. Wie sie allerdings das erste Kloster bauen konnten, ist noch unklar.

Niemand darf dort oben Maxims Spiritualität stören. Aber ein-, zweimal die Woche klettert er über eine Eisenleiter hinunter, was 20 Minuten dauert, um in der kleinen Kapelle St. Simeon Andacht zu halten. Mittlerweile leben auf dem Gelände rund um die Felsnadel mehrere Mönche, gerade wird ein neues Gästehaus gebaut.

»Würdest du auf dieser Säule leben wollen?«, fragt Bernado.

»Für eine Woche schon, aber nicht für immer.« Eine Woche Eremitinnen-Dasein, das hat einen gewissen Reiz, vorausgesetzt ich würde genügend Bücher und Papier und Stift mitnehmen dürfen. Ansonsten stelle ich mir einen Tag dort oben ganz schön lang vor. Als Beschäftigung bliebe noch schauen, an dieser wunderbaren Landschaft sieht man sich nicht so schnell satt. Oder meditieren und träumen – und natürlich beten.

Wie verbringt Maxim wohl den Tag? Und wie hält er es in den kalten georgischen Wintertagen aus? Ob er da oben eine Heizung hat? Was für ein Gefühl muss es sein, erhaben wie in einem Adlerhorst über der Erde zu thronen und gleichzeitig so wenig Platz zu haben?

»Was glaubst du, wie das mit der Toilette funktioniert?«, fragt Bernado ganz pragmatisch.

Wir überlegen, ob es ein langes Rohr gibt, das bis zum Boden reicht, oder ob der Abtransport mittels abgeseilter Eimer vonstatten geht. Oder ob das Rohr in luftiger Höhe endet und das Abwasser über die Bäume verteilt.

»Das könnte sein«, meint Bernado, »ist ja nur von einer Person.«

Die Glocken läuten. Bernado und ich hoffen, dass Maxim, der Mönch jetzt runterklettert. Wir würden gerne die 20 Minuten warten, bis er es hierher geschafft hat. Wir warten länger, doch niemand steigt von der Säule.

Wenn er zu schwach sei, um die Leiter zu benutzen, wolle er bis zu seinem Ende auf der Säule bleiben, soll Mönch Maxim ausdrücklich gewünscht haben. Mittlerweile habe ich gehört, dass er sehr krank sei und nicht mehr auf der Katshki-Säule lebe. Ob das stimmt? Dann wäre Maxims Wunsch nicht in Erfüllung gegangen. – Wir haben die Sache mit der Toilette nicht klären können. Dafür hören sich auf der Rückfahrt die polyphonen Gesänge harmonisch an.

Kapitel 29

Als die Bilder mit Wassili laufen lernten

Der Turm fällt mir schon von weitem auf, als ich durch Kutaisis Straßen bummele. Er verleiht dem großen, modernen Gebäude einen Hauch von Extravaganz. Im Erdgeschoss ist ein weitläufiges Bekleidungsgeschäft untergebracht, im Hintergrund dudelt Musik. Ich höre genauer hin, es ist Katie Melua, wie passend! Denn Katie hieß ursprünglich Ketevan und ist in Kutaisi geboren und in Batumi am Schwarzen Meer aufgewachsen. Ihr Vater, ein Herzchirurg, wollte einen besseren Lebensstandard für seine Familie, darum schrieb er Hunderte von Bewerbungen in die ganze Welt. Er bekam eine Job-Zusage am Royal Victoria Hospital in Belfast, 1993 zog die Familie nach Irland, später dann nach Südengland. Ketevan singt immer noch, als ich das Geschäft verlasse.

Auch ein Kinderfreizeitzentrum soll im Gebäude untergebracht sein. Kinderfreizeitzentrum – sind damit die kleine Plastikrutsche und die niedlichen, dickbeinigen orangefarbenen Plastikstühlchen im ersten Stock gemeint, auf denen drei Kinder sitzen und konzentriert Eis lecken?

Im Gebäude befinden sich auch Kinos. So wie früher, denn hier war einst das Kino »Radium«, in dem im Jahr 1910 der erste georgische Film gezeigt wurde. Film war damals ein brandneues Medium, mit dem man Geschäfte machen konnte. Das erkannten auch zwei wohlhabende Bürger der Stadt und ließen das Kino »Radium« bauen, eines der ersten im Land, nur in Tiflis gab es bereits ein Lichtspieltheater. Das »Radium« war eines der modernsten Lichtspieltheater seiner Zeit. Der Saal bot Platz für 450 Zuschauer und Logen für besondere Gäste. Während der Vorstellungen spielte ein Orchester.

Die Geschäftsmänner haben sich nicht verkalkuliert, das Publikum füllte Vorstellung für Vorstellung die Sitzreihen. Das war vor allem durch einen Mann möglich: Wassili Amaschukeli. Er war Kameramann und Filmvorführer in Personalunion.

Vor dem Gebäude steht Amaschukeli als Bronzefigur. Ein schlanker Mann mit Schnauzbart, Anzug, Krawatte und Hut. Lässig stützt er einen Arm in die Seite und schaut den Betrachter interessiert an. Die andere Hand dreht an der Kurbel einer auf einem Stativ stehenden Kamera.

Unwillkürlich muss ich an meinen Besuch des Ethnographischen Museums in Tiflis denken, eines Freiluftmuseums mit Häusern aus allen Teilen des Landes, die Balken für Balken abgebaut, in die Hauptstadt transportiert und auf dem 52 Hektar großen Museumsgelände Balken für Balken samt allen Details, vom Kochlöffel bis zur Weinpresse, wieder aufgebaut wurden. Als ich ein altes Bauernhaus aus Swanetien betrat, leuchteten mir Scheinwerfer ins Gesicht. Jemand zog mich in eine Ecke, wo ich nicht stören konnte. In der Stube hingen zwei dünne, bleiche Buben an Arm und Rockzipfel der Mutter, die stumpf und schweigend ins Feuer starrte. Die Buben gaben sich streichelnd, zupfend und zerrend Mühe, die Mutter aus ihrer Lethargie zu holen. Aber alles, was sie tat, war, weiterhin mechanisch über die Köpfe ihrer Kinder zu streicheln.

Cut. – Ich war in die Dreharbeiten für eine georgische Fernsehserie gestolpert. Jemand nannte mir den Namen der Serie, kaum ausgesprochen, hatte ich ihn bereits wieder vergessen. Unvergesslich blieb aber, wie einer der auf bleich geschminkten Jungs in der Drehpause ein Huhn streichelte, es herumtrug und ihm den Garten zeigte. Das Huhn schien es zu genießen.

Was wohl Wassili Amaschukeli, der Kameramann der ersten Stunde von Serien gehalten hätte? Er war eher Dokumentarfilmer, seine ersten Filme waren Kurzfilme, etwa »Das Beladen der Kamele mit Kohle« oder »Einfahrt eines Schiffes in den Hafen von Baku«. Wassili hatte nämlich das Filmhandwerk im aserbaidschanischen Baku gelernt. Dorthin war er als 19-Jähriger gegangen, um seinen Bruder Mamuka zu besuchen. Mamuka arbeitete am dortigen Schauspielhaus, dessen Leiter, Kote Meßchi, nicht nur theater- sondern auch filmbegeistert war. Durch das Erdöl war Baku steinreich, sodass Meßchi auch ein Kino eröffnen konnte, das er »Elektrobiograph« nannte. Wassili war von der Technik mindestens genauso fasziniert wie Kote Meßchi, verbrachte viel mehr Zeit im »Elektrobiograph«, als im Theater und erlernte das Handwerk des Filmvorführens. Zurück in seiner Heimat Kutaisi arbeitete er als Filmvorführer im »Radium« und drehte den ersten georgischen Dokumentarfilm in Spielfilmlänge: Die Reise Akaki Zeretelis nach Ratscha. – Zereteli war damals der Popstar der georgischen Literatur oder in Anbetracht seiner 72 Jahre eher der Dichterfürst. Die Menschen bewunderten ihn, denn sein Lebensthema war die Unfreiheit der georgischen Bauern. Die Bewunderung, die dem Dichter entgegengebracht wurde, aber auch die Lebensumstände der Bauern, ihre Traditionen, die Landschaften und die Gesichter der Bäuerinnen und Bauern bannte Wassili auf Zelluloid. Von 21. Juli bis 2. August 1912 dauerte Zeretelis Reise, schon am 20. September war die Uraufführung des Films im »Radium«, natürlich war auch Zereteli zugegen. Zwei Wochen lang lief der Film, zwei Wochen lang war jede Vorstellung ausverkauft. Danach ging der Film auf Reisen: nach Tiflis, Moskau, Istanbul und ins chinesische Harbin. – Dieses Glück wird der georgischen Serie mit den zwei Buben und der unglücklichen Mutter wohl nicht widerfahren.

Der italienische Regisseur Frederico Fellini sagte über den georgischen Film: »Das georgische Kino ist ein sonderbares Phänomen, speziell, philosophisch, leicht, kultiviert und zur selben Zeit kindlich rein und unschuldig. Es hat alles, was mich zum Weinen bringt, und ich sollte erwähnen, dass mein Weinen keine einfache Sache ist.«

Kapitel 30

Augenschmaus und Genuss der Sinne

Heute bin ich mit Manana verabredet, einer Deutschlehrerin, die an der Uni von Kutaisi, der Akaki-Zereteli-Universität (so weit hat es der Dichterfürst gebracht!) unterrichtet. Sie wird mir als Übersetzerin zur Seite stehen. Es war nicht leicht mit Manana einen Termin zu finden, denn sie ist sehr beschäftigt. Um über die Runden zu kommen arbeitet sie nicht nur als Lehrende an der Universität, sondern unterrichtet noch Privatschüler in Deutsch, außerdem lebt sie zusammen mit ihrer sehr alten und dementen Mutter. Tagsüber ist für die Mutter gesorgt, aber abends und am Wochenende kümmert sich Manana um sie und um das Haus, in dem sie zusammenwohnen.

Bis zu unserem Treffen ist noch Zeit, und weil es zu regnen beginnt, sodass in den Kuhlen des Straßenpflasters erste große Pfützen entstehen, weil das Wasser dort nicht abrinnt – offenbar funktioniert die Kanalisation nicht – besuche ich die Markthalle. Draußen ist es grau und regnerisch, nur der Autoverkehr ist zu hören, in der Markthalle schwappt mir Geplapper, Lachen und Hühnergackern entgegen. Es sieht gemütlich aus und sympathisch, wie die Marktfrauen hinter ihren liebevoll arrangierten Waren sitzen und gleichzeitig mit ihren Nachbarinnen scherzen.

Es duftet nach Koriander – Bündel davon stapeln sich übereinander – nach Dill, nach Estragon, nach Kondari, dem wilden Thymian, jungen Sellerieblättern und rotem Basilikum. Koriander ist hier der König unter den Kräutern, fast jedes georgische Gericht wird mit Koriander gewürzt. Doch schmeckt er anders als etwa asiatischer Koriander, den es bei uns hauptsächlich zu kaufen gibt, weniger »seifig«, weniger aufdringlich, dafür saftig.

Gleich neben dem Stand mit frischen Kräutern bietet eine Frau mit grauen Haaren und einer alten, schwarzgrauen Strickjacke Khmeli-Sureli an, eine Gewürzmischung aus getrockneten und geriebenen Kräutern. Gemahlene Korianderkörner, Dill, Lorbeerblätter, blau blühender Schabzigerklee, Estragon, Majoran, Safran und Pfeffer gehören unbedingt dazu, je nach Region auch noch Melisse, Ysop, Thymian, Bockshornklee und Minze. Khmeli Sureli wird zur Verfeinerung von Soßen verwendet oder für Lammgerichte und Eintöpfe.

Säckeweise stapeln sich getrocknete Bohnen von tiefrot bis zartrot-weiß marmoriert, flache, runde, längliche, grüne Ackerbohnen, violett gesprenkelte Feuerbohnen, Bohnen voller Schönheit, 700 Bohnensorten soll es weltweit geben, eine Menge davon liegt in den Säcken der Marktfrauen. Ein kurzes Rauschen, wenn die Schaufel in den Sack dringt und die Bohnen für die nächste Kundin in die Papiertüte befördert.

Jede Menge Samen und Gewürze, vom Gewürzsalz aus Swanetien (Knoblauch, Chili, Koriander) bis zu Safran, allerdings nicht der kostbare iranische, der aus Staubblättern von Krokussen gewonnen wird, sondern der günstigere imeretische, also georgische Safran, der hauptsächlich Blütenblätter der Studentenblume (Tagetes) enthält. Bei den Gewürzen ist auch eine Wurzel zu finden, man kann sie am Stück oder gerieben kaufen. Das Geriebene ist rot, mal etwas heller, mal dunkler. Ich schaue den Mann, der die Wurzeln verkauft fragend an. Er gibt mir eine wortreiche Erklärung, doch ich verstehe kein Wort. Hilfesuchend schaut er sich zu seinen Nachbarinnen um, ob vielleicht jemand Englisch spricht.

»Egg«, erläutert die Frau vom Nachbarstand. »Egg. Easter. Red egg.« Ich verstehe, die Wurzel wird zum Eierfärben benutzt. Später wird mir Manana erklären, dass es sich um die Wurzel des Färberkrepps handelt, einer wärmeliebenden Pflanze, die auf Äckern, in Weinbergen und am Wegesrand wächst. Wasser und Wurzel werden zum Kochen gebracht, dann die Eier zum Färben ins Wasser gegeben. Braune Eier seien geeigneter als weiße, bei braunen soll die Farbe besser halten.

An einem anderen Marktstand entdecke ich Adschika, die pikante Würzsoße aus scharfen Paprikaschoten, rotem Pfeffer und Gewür-

zen. Es gibt auch Tkemali, eine aus Mirabellen und Kräutern herge-
stellte Soße. Es gibt Karotten, an denen noch etwas Erde vom Beet
klebt, Tomaten, Gurken, Auberginen, winzige, aber sehr aromatische
Erdbeeren, getrocknete Aprikosen, Granatäpfel, Kartoffeln. Käselaib
türmt sich auf Käselaib. Sulguni, der mozarellaartige Käse aus Kuh-
milch, frisch aus der Salzlake oder gereift und dadurch würziger. Sulguni gibt es auch geräuchert und ist dadurch länger haltbar. Oder den
Faden ziehenden, gleichzeitig zart cremigen Elardschi. Schafskäse,
Ziegenkäse, mal mild, mal geschmacksintensiv.

Mit einer Reibe zerkleinert eine blondgefärbte, robuste Frau einen
Krautkopf und legt ihn in saure Essiglake, so wie auch Gurken, Rote
Beete, Paprika. Ein Augenschmaus. Ein paar Stände weiter ist es vorbei
mit dem Augenschmaus, auch mit den lebenden, gackernden Hühnern, die es am Eingang zu kaufen gibt. Hier kann man tote Hühner
kaufen, sie sind nackt gerupft, sonst ist aber noch alles drin und dran:
vom dünnen Hals mit dem schmalen Kopf und dem Hahnenkamm,
bis zu den Füßen mit den gelben Krallen. Da tote Hühner nicht stehen
können, wurden sie auf den Rücken gelegt, die Krallenfüße stehen
nun grotesk in die Höhe. Nacktes Huhn reiht sich an nacktes Huhn,
mindestens 20 Stück. Ein bizarres Bild.

In einer anderen Abteilung des Marktes ist das Kratzen einer
Metallbürste zu hören, mit der die Schuppen eines großen Fisches
abgebürstet werden. Nicht weit davon warten kiloweise Walnüsse
und Haselnüsse auf Käufer. Nüsse sind aus der georgischen Küche
nicht wegzudenken, allein schon die herrlichen Walnusssoßen für
Tomatensalat oder für Badrischani, die Auberginen mit der leckeren Walnusssoße, mal mit, mal ohne Granatapfel. Man benötigt die
Nüsse auch für Tschurtschela, den klebrig süßen Traditionssnack,
übersetzt heißt das georgische Konfekt »Wurst mit Walnüssen«. Wie
eine dünne Wurst sieht Tschurtschela auch aus, doch von Fleisch
keine Spur, es sind Nüsse, die auf einer Schnur aufgereiht und mit
einem Mantel aus dickem Fruchtsaft – meist Traubensaft mit Mehl
verdickt – überzogen werden. Je nach Saft gibt es rote, gelbe, grüne,
braune Tschurtschelas.

Die fruchtigen Nussschnüre schätzten früher schon Soldaten als
Wegzehrung, weil sie gut für die Gesundheit und nahrhafter als Brot

seien. Heute ruft mir die Marktfrau zu: »Tschurtschela – Georgian snickers. Good. Good.« Ein Besuch der Markthalle in Kutaisi ist ein Hochgenuss der Sinne.

Kapitel 31

Nonne und Mönch

Manana treffe ich vor der Bagrati Kathedrale, die auf dem Ukimerioni Hügel über der Stadt und dem Fluss Rioni steht. Alte, gebeugte Frauen mit schwarzen Kopftüchern, die auf den Steinen vor der Kathedrale sitzen, strecken mir in unmissverständlicher Haltung ihre Hände entgegen.

Manana hat sich schick gemacht: Zum violetten Pulli trägt sie farblich passende Ohrringe und Handtasche, auch im Schal findet sich das Violett wieder. »Wir haben noch etwas Zeit bis zu unserem Termin, soll ich dir die Kathedrale zeigen?«, fragt mich Manana zur Begrüßung. Sie wartet keine Antwort ab, sondern funktioniert ihren Schal zur Kopfbedeckung um, bekreuzigt sich mehrmals und beginnt dann mit der Führung. »Die Kirche trägt im Volksmund den Namen von König Bagrati III., der den Bau in Auftrag gab, aber eigentlich ist es die Marienkathedrale. Sie ist mehr als 1.000 Jahre alt, im Jahr 1003 wurde sie geweiht. Damals war sie weit und breit die größte Kirche und sie gilt als eine der bedeutendsten Bauwerke des Hochmittelalters weltweit. Aber im Laufe der Jahrhunderte wurde sie zerstört, bis nur noch eine Ruine übrigblieb, aber trotzdem war sie immer in Gebrauch. Hochzeiten, Gottesdienste, Begräbnisfeiern wurden seit dem 17. Jahrhundert in den Mauerresten und unter Gottes freiem Himmel abgehalten, denn das Dach fehlte, das hatten die Osmanen in die Luft gesprengt. 1952 begann man mit dem Wiederaufbau. 1994 erhielt die Kathedrale dann, zusammen mit dem Kloster Gelati, das außerhalb von Kutaisi liegt, den UNESCO-Welterbe-Status.« Man merkt, dass Manana eine Zeitlang als Fremdenführerin gearbeitet hat.

»Vor tausend Jahren muss Bagrati ein tolles Gebäude gewesen sein«, überlege ich laut, »aber wenn es im 20. Jahrhundert nur noch eine Ruine war, dann war doch alles, was danach aufgebaut wurde neu. Hat das die Wissenschaftler und Beamten der UNESCO nicht gestört?«

»Offensichtlich nicht«, meint Manana. »Erst als 2012 unter Präsident Saakashwili die Kräne und Betonmischmaschinen anrückten, um die Kathedrale wieder vollständig aufzubauen, waren die UNESCO-Leute wenig erfreut. Saakashwilis Ingenieure und Architekten ließen diesen modernen Außenaufzug einbauen, der das Ensemble furchtbar stört. Mir ist auch nicht klar, wofür der Aufzug gedacht ist. Jedenfalls setzte die UNESCO die Marienkathedrale daraufhin auf die ‚Rote Liste des gefährdeten Welterbes‘, und 2017 wurde ihr das Weltkulturerbe-Siegel aberkannt.«

Ich kann die Entscheidung nachvollziehen, wundere mich eher, warum Bagrati damals überhaupt Weltkulturerbe wurde.

Saakashwili, der Ex-Präsident liebte Bauwerke mit hohem Wiedererkennungswert. Er klotzte moderne Infrastruktur, Kutaisi kann ein Lied davon singen. Stichwort: Parlamentsgebäude. Mit einer großen Militärparade feierte Saakashwili 2012 den Umzug des Parlaments von Tiflis nach Kutaisi. Für den Umzug gab es nur einen Grund: das neue, 65 Millionen Euro teure Parlamentsgebäude als »Symbol des neuen Georgiens«. Einer von Saakashwilis vielen modernen Prachtbauten.

An der Stelle des Parlaments stand zuvor ein großes Denkmal, das an die georgischen Soldaten erinnerte, die im Zweiten Weltkrieg in der Roten Armee gefallen waren. Jetzt steht dort das Parlamentsgebäude als eine riesige Glaskugel, die aus dem Boden herausragt, manche nennen es auch spöttisch ein schwanzloses Gürteltier. Viele Sitzungen gab es im Parlamentsgebäude nicht, denn die Qualität des Baus ist miserabel. Schon bald nach der Eröffnung stürzten Teile des Daches herab. Längst zerbröseln auch die Bodenplatten am Eingang, in den Treppenaufgängen sprießt Unkraut, das Parlament tagt weiterhin in Tiflis, das schwanzlose Gürteltier fristet dasselbe Dasein wie die Makkaroni-Röhren in der Hauptstadt.

Viel Zeit bleibt nicht mehr, um den Innenraum der Bagrati-Kathedrale anzuschauen. Aber der erste Blick vermittelt den Eindruck, dass die Künstler des 21. Jahrhunderts die Meisterschaft ihrer Kollegen vor tausend Jahren – zumindest verglichen mit dem, was noch übriggeblieben ist – nicht erreichen. Manana hat dünne Kerzen gekauft, die sie vor ihren Lieblingsheiligen anzündet, bevor sie sich bekreuzigt.

Aus einem kleinen Raum neben dem Altar tritt ein bärtiger, schwarzgewandeter Mönch mit einer schwarzen Kappe. Unser Gesprächspartner. Gerne möchte ich das Rätsel lösen, warum so viele junge Mönche und auch Nonnen in den Klöstern leben – so wie Mari, die Novizin in der Nähe von Vardzia. Zu gern würde ich wissen, was die jungen Leute dorthin zieht. Warum haben die Klöster keine Nachwuchsprobleme, während bei uns so gut wie niemand auf die Idee kommt, eine geistliche Laufbahn einzuschlagen, geschweige denn ins Kloster zu gehen? Nun hoffe ich, dass das Gespräch, das Manana übersetzen wird, Aufschluss darüber gibt.

»Wie soll ich Sie ansprechen?«, frage ich den bärtigen Mönch, nachdem wir uns die Hände geschüttelt haben.

»Vater Georg«, antwortet der noch recht junge Mann mit größter Selbstverständlichkeit. Vater Georg erzählt, dass er in seiner Jugend, nicht religiös war. »Aber ich hatte so viele Fragen, für die ich keine Antwort fand, die mir auch die Lehrer in der Schule nicht beantworten konnten. Fragen, die im Kommunismus nicht von Belang waren. Fragen über das Leben, über das Woher, das Wohin. Ich suchte Antworten.«

Diese erhielt er bei einem – wie er es nennt – geistlichen Vater. Das Zusammensein mit ihm, die Diskussionen, die Erkenntnisse ließen in Georg den Entschluss reifen, ein Studium der georgisch-orthodoxen Glaubenslehre zu beginnen und ins Kloster zu gehen. Sein geistlicher Vater kontrollierte während dieser Zeit seinen Lebenswandel und seine Bereitschaft den Klosterregeln zu folgen. »Es ist eine Prüfzeit, die mehrere Jahre dauern kann. Nicht nur er prüfte mich, auch ich musste mich prüfen, ob ich diesem entbehrungsreichen Leben gewachsen bin. Aber Gott gelangte während dieser Zeit in mein Herz, das ist ein großes Geschenk, vielleicht das größte überhaupt. Ich durfte erkennen, Mönch zu sein bedeutet, mehr bei Gott zu sein.«

Irgendwann hatte der Bischof dann eine Stelle für ihn. Vater Georg durfte ins herrliche Kloster Gelati und war dort in der Imkerei für die Bienenstöcke zuständig. »Wir stehen früh auf, so um vier Uhr, beten und arbeiten.« Vater Georg teilt sich mit zwei anderen Mönchen eine Zelle. Privatsphäre gibt es nicht. Aber das scheint auch keine Rolle zu spielen. Nach diesen handfesten Erzählungen verliert sich der Vater in seinen Gedanken über die Wichtigkeit des Betens und die Wichtigkeit ein guter Gläubiger zu sein. Und über Ostern als das Fest der Feste. Selbst wenn es gelingt, seinen Monolog zu unterbrechen und eine weitere Frage zu stellen, erhalte ich keine konkrete Antwort mehr, stattdessen setzt Vater Georg seinen Monolog einfach fort. Irgendwann hält er inne, nickt uns zu und lässt durch Manana ausrichten, er müsse nun gehen. Schließlich stehe Ostern vor der Tür. Erneutes kurzes Nicken, schon ist Vater Georg hinter einer Tür neben dem Altar verschwunden. Manana zuckt entschuldigend mit den Schultern. Und ich bin der Antwort nach der Renaissance des Glaubens bei jungen Leuten, nicht sehr viel weitergekommen.

Ähnlich war es mir zuvor schon in Mtzcheta, im Samtavro Frauenkloster ergangen, dort, wo ich das Kerzenimperium vermute. Tea, eine georgische Bekannte, kennt Schwester Sophie, einst Schulkameradin von Teas Mutter. Schwester Sophie ist zwar nicht mehr jung, aber sie ist als junge Frau ins Kloster eingetreten. Außerdem vermittelt sie uns die deutlich jüngere Schwester Marianna, ein winziges Persönchen mit resoluten Gesichtszügen. Beide Nonnen tragen die schwarze Tracht, nur Hände und Gesicht sind zu sehen. Gleich oberhalb der Augenbrauen beginnt die Verhüllung des Kopfes, die nur einen eckigen Gesichtsausschnitt frei lässt. Schwester Marianna spricht ausgezeichnet Englisch, in einem Tempo, das kaum Zeit zum Atmen lässt. Wir treffen uns im kleinen Klostermuseum. Schwester Marianna hat viel mehr Lust uns die Exponate zu zeigen, als über sich zu reden. Aber nachdem sie uns erklärt hat, wer auf einem alten Foto noch heute unter den 60 Nonnen des Klosters weilt, berichtet Marianna immerhin, dass sie Geschichte studiert und als Lehrerin gearbeitet habe. Auf die Frage, warum sie sich für ein Leben im Kloster entschieden hat, zieht sie die Augen zusammen und presst die Lippen aufeinander. Kurz angebunden und fast schnippisch meint sie: »Es war Gottes Wille.« Basta.

Schwester Sophie ist offener. Sie habe nach dem Studium angefangen zu arbeiten, sei unverheiratet gewesen und habe für sich keinen Platz in der Welt gesehen oder gefunden. Deshalb habe sie es im Kloster versucht und schnell erkannt, dass dieses Leben ihre Bestimmung sei. »Hier ist mein Platz.«

Die junge Schwester Marianna betont mehrmals, dass alle Nonnen gut gebildet seien. Manche waren in ihrem früheren Leben Juristinnen, manche Architektinnen, Musikerinnen, Lehrerinnen. Alle seien durch Gottes Willen im Kloster gelandet. Von privaten Beweggründen, Erlebnissen oder Erkenntnissen erfahre ich leider nichts.

Auch im Samtavro-Frauenkloster wird um vier Uhr aufgestanden, danach Gebet und Arbeit. »Jede von uns ist gesegnet, alles zu machen«, meint Schwester Marianna. »Gartenarbeit, putzen, nähen, backen, in der Bibliothek oder bei den Kerzen...«

Kerzen? Hoppla – da werde ich hellhörig, unterbreche ihre Hochgeschwindigkeitsaufzählung. »Werden im Kloster Kerzen hergestellt?«

Die kleine Schwester nickt. Es gibt also tatsächlich das Kerzenimperium der Frauenklöster. Ich kann mir ein Grinsen nur schwer verkneifen.

»Die Mutter Oberin teilt ein, welche Schwester welche Arbeit machen soll. – Bevor man endgültig ins Kloster geht, kann man sich drei Jahre prüfen. Wer länger braucht, um sicher zu sein, dem wird die Zeit gewährt.« Marianna stand kurz vor ihrem 30. Geburtstag, als sie Nonne wurde, da war sie sich längst sicher, denn »alle hier sind durch Liebe miteinander verbunden«. Noch habe ich die Liebe im Kloster nicht gespürt, eher eine disziplinarische Strenge, ernste, kalte, oftmals kommandierende Blicke. Vielleicht liebevoll gemeint… Als habe Marianna meine Gedanken erraten, sagt die kleine Nonne schmalippig: »Wenn du nur darüber schreibst, kannst du es nicht fühlen.« Mit diesen Worten verabschiedet sie sich. Die Stimmung im Raum ist bis zuletzt angespannt.

Später unterhalte ich mich mit einer deutschen Bekannten, die lange in Georgien gelebt hat. Sie meint, zwei wichtige Aspekte für die Entscheidung fürs Klosterleben seien, dass Nonnen und Mönche auch in wirtschaftlich unsicheren Zeiten versorgt seien – und, dass sie in der georgisch-orthodoxen Kirche und der Gesellschaft einen hohen Stellenwert genießen. Als Nonne oder Mönch ist man wer. Das würde zumindest das eher arrogante und so gar nicht liebevolle Auftreten von Schwester Marianna erklären. Vielleicht war sie aber auch nur unsicher.

Aus welchem Grund auch immer die Klöster jungen Zuwachs erhalten, jedenfalls spielt der Glaube in Georgien eine große Rolle. Vielleicht gab der Glaube in der neuen, sich veränderten Zeit der Unabhängigkeit Halt und Ordnung. Auch heute noch identifizieren sich laut einer Umfrage 80 Prozent der Bürgerinnen und Bürger mit der Kirche. In der Verfassung wird die georgisch-orthodoxe Kirche als wichtigster Teil der georgischen Gesellschaft bezeichnet. Für Viele bilden Glaube und Kirche die »innere Mitte« des Landes. Da ist dann kein Platz für kritische Themen wie etwa Gewalt in der Ehe. Priester ziehen sich gerne auf den Satz zurück: »Der Mann gehorcht Gott, die Frau gehorcht dem Ehemann.«

Kapitel 32

Das neue Athen

Von hier oben hat man einen fantastischen Blick. Sanft fallen die Hügel ins Tal, in der Ferne ist die Silhouette der Bagrati Kathedrale zu erahnen. Die Farben blau, grün, weiß und gelb beherrschen die Sicht an diesem diesigen Frühlingstag, kontrastarm wie mit Weichzeichner bearbeitet. Ein idealer Platz für ein Kloster und eine Akademie. Gelati – was für ein Fleckchen Erde zum Studieren!

»Gute Salbe! Hilft garantiert. Das Rezept hat auch schon unserem König Dawit geholfen«, auf Englisch preist die junge Marktfrau ihre Salbe am Parkplatz des Klosters Gelati an. Ihre kleine Tochter inspiziert währenddessen die Ketten und Armbänder, die es am Souvenirstand ebenfalls zu kaufen gibt. Willkommen zurück in der Gegenwart.

»Wogegen hilft die Salbe denn?«

»Ähm, gegen Verletzungen, gegen Wunden, gegen alles«, meint die Marktfrau strahlend und stellt einen Plastiktiegel auf ihre Handfläche. »Sie hat auch König Dawit geholfen«, wiederholt sie zur Sicherheit.

König Dawit, der Erbauer von Gelati. Mit nur 16 Jahren bestieg er 1089 den Thron. Sein Traum war ein starkes, politisch und kulturell geeintes Georgien. Es gelang ihm, die türkischen Seldschuken, eine Fürstendynastie, die über Anatolien, Iran, Irak, Syrien und Teile der arabischen Halbinsel herrschte, endgültig aus Georgien zu vertreiben. Einer der Gründe für diesen Triumph ist sicherlich, dass Dawit ein permanentes Heer zusammengestellt hatte. Jede Familie war verpflichtet, dem König einen Soldaten mit Pferd und Waffen zu stellen. Dawit gelang es, die Einheit des Landes herzustellen. Der Beginn einer einzigartigen Blüte von Staat und Kultur. Erstmals kam der Begriff »Georgien« (sakartvelo) als Landesbezeichnung auf. Dawit trieb Reformen voran und förderte den Bau von neuen Kirchen und Klöstern wie zum Beispiel Gelati. Im Jahr 1106 legte er selbst den Grundstein für das Kloster und die Akademie. Der König höchstselbst soll auch bei den Bauarbeiten angepackt haben. Allerdings soll er sich bei Arbeiten an der Kuppel der Gottesmutter-Kirche schwer verletzt haben. Man bangte um sein Leben. Obwohl die besten Ärzte des Hofes gerufen wurden, konnten sie dem König nicht helfen. Die Legende besagt, dass daraufhin die Verantwortung für das Leben des Königs in die Hände eines Heilers mit Namen Turmanidse gelegt wurde. Offenbar wusste Turmanidse, was zu tun war. Der Heiler ließ zwölf Hirschkühe fangen, ihre Milch vermischte er mit Kräutern. Der König musste mehrmals in der erwärmten Kräutermilch baden. Schon nach wenigen Tagen fühlte sich Dawit wieder stark genug, um seine Aufgaben als König wahrzunehmen. Die Wunderrezeptur aus Hirschkuhmilch und Kräutern soll zu einer Salbe umgewandelt worden sein. Schenke ich der Marktfrau Glauben, dann verkauft sie die Salbe mit der Wunderrezeptur. Noch bin ich davon nicht überzeugt, vielleicht nachdem ich Gelati besichtigt habe.

Alle, die größer als einsfünfundfünfzig sind, müssen sich bücken, um durch das niedrige Holztor zu schlüpfen. Hinter Mauer und Tor öffnet sich ein weitläufiges Areal mit drei Kirchen, Gottesmutter-Kirche, Georgskirche und Nikolaikirche, sowie einem separaten Glockenturm und der Akademie. Die Fresken in der Kuppel der Gottesmutterkirche sollen zu den hellsten und farbenfrohesten in Georgien gehören. Tatsächlich herrscht eine berauschende Farbigkeit: Ockergelb ist der Grundton, aber die Fresken erstrahlen auch in smaragdgrün, violett, silberlila, lindgrün, indigoblau, altrosa, türkis und korallenrot. In der Gottesmutterkirche haben die Heiligen ihre Plätze, so wie es Tradition ist: In der Kuppel ist Christus zu sehen, um ihn herum Ereignisse aus seinem Leben, dann kommen Marien- und Heiligenabbildungen, darunter dann die lokalen kirchlichen Würdenträger und weltlichen Unterstützer der Kirche.

Eine Grundschulklasse tummelt sich am Glockenturm. Ein paar Jungs sitzen auf den Stufen des Turmes, alle scheinen ihrer Lehrerin aufmerksam zuzuhören. Ein Mädchen bohrt selbstvergessen in der

Nase. Als die Ausführungen der Lehrerin vorüber sind, dürfen die Kinder übers Gelände toben.

Die Lehrerin und ich kommen ins Gespräch. »Was haben Sie den Kindern erzählt, dass sie so interessiert zuhören?«, frage ich neugierig.

»Ich habe ihnen von unserem Goldenen Zeitalter berichtet«, meint die Lehrerin und behält die Rasselbande im Blick. »Das Goldene Zeitalter des 11. und 12. Jahrhunderts ist zwar schon lange vorbei, aber es muss eine herrliche Zeit gewesen sein. Von Dawit, dem Erbauer bis zu seiner Enkelin König Tamara. Eine Blütezeit für unser Land mit einer Politik, die durch diplomatisches Geschick geprägt war, die tolerant gegenüber Fremden war und kultur- und religionsübergreifende Freundschaft förderte. Eine moderne Zeit. Bis mordend und brandschatzend Dschingis Khan und seine Reiterhorden über unser Land fegten.«

»So erzählen Sie das den Kindern?«

»So ähnlich. Kindgerechter. Aber sie verstehen, dass es ein mystisches Zeitalter war, das Kultur und Identität unseres Volkes bis heute geprägt hat. Wie stark, zeigt sich daran, dass wir all die imperialen Begehrlichkeiten von Mongolen, Persern und Russen überdauert haben.« Ganz nebenbei habe ich von der Lehrerin nun auch eine Geschichtslektion erhalten. Allerdings hat sie verschwiegen, dass sowohl Dawit, als auch Tamara etliche Kriege geführt haben.

Mich zieht es vorbei an den Kirchen, hin zum schlichten Bau der Akademie. Hier habe ich das Gefühl, die Vergangenheit zu berühren. Wie Gelati hier im Westen des Landes, so hatte die Akademie von Ikalto im Osten die Aufgabe Wissenschaften und Künste zu fördern. Die Idee: Die Akademien sollen das neue Athen werden, mit klugen Köpfen aus Naturwissenschaften und Philosophie.

Im byzantinischen Konstantinopel, dem heutigen Istanbul, gab es bereits eine Akademie, die von einem gewissen Georg von Mangana geleitet wurde. Dort studierten und lehrten unter anderem die Georgier Arsen Ikaltoeli und Johannes Petrizi. Beide galten als herausragende Gelehrte und Humanisten. Doch ihre Ideen und Theorien kamen nicht bei allen an, deshalb mussten sie die Mangana-Akademie verlassen und zögerten keinen Moment, als sie der Ruf ihres Königs Dawit ereilte. Sie kehrten nach Georgien zurück und lehrten, der eine in Ikalto, der andere in Gelati, zusammen mit weiteren abgeworbenen Geistesgrößen aus verschiedenen ausländischen Klöstern. Unterrichtet wurden die Fächer: Theologie, Rhetorik, Geometrie, Arithmetik, Astronomie, Philosophie. In Werkstätten wurden Texte übersetzt, Miniaturen gemalt, Gold- und Silberschmiedearbeiten hergestellt, auch der Weinanbau und die Weinherstellung spielen eine große Rolle – in Gelati ist, wie in Ikalto ein Weinkeller entdeckt worden. Beide Akademien waren sehr erfolgreich, beide wurden zum »neuen Athen« des 11. Jahrhunderts!

Welch Glück muss es gewesen sein, hier in den schlichten Räumen der Akademie, mit dem Blick in die Weite der Landschaft, studieren zu dürfen! Natürlich war dieses Glück nur Männern vorbehalten.

Auf der Südseite des Geländes entdecke ich Dawits Grabplatte. Er wollte unbedingt in Gelati beerdigt werden. Und zwar im Durchgang des Südtores, das früher der Eingang zum Klostergelände war. »Dies sei für alle Zeiten meine Ruhestätte! Hier lasse ich mich nieder, denn so war es mein Wille.« So soll es auf der Grabplatte geschrieben stehen. Der König legt sich seinen Landeskindern zu Füßen. Denn wer nach Gelati wollte, musste über das Grab des Königs gehen. Heutzutage betritt niemand mehr das Gelände über die Grabplatte, der Haupteingang wurde verlegt.

Die Schulklasse macht noch einige Erinnerungsfotos, während ich mich gegen den Kauf der Wunder-Salbe entscheide und Ausschau halte nach den Bienenstöcken, für die Vater Georg verantwortlich war.

Kapitel 33

Quelle der Unsterblichkeit

Mit jedem Marschrutka-Kilometer den wir uns Tskaltubo nähern, wird Manana stiller, manchmal fährt sie sich durch die dicken, braunen, kurzen Haare oder rückt die Brille zurecht. »Ich war lange nicht mehr hier. Die Erinnerungen kommen«, sagt sie. Denn als junge Frau hat Manana in Tskaltubo gearbeitet. Sie hat für Kurgäste Ausflüge organisiert oder ist als Reiseleiterin selbst mitgegangen. Tskaltubo, das manchmal auch Zkaltubo geschrieben wird, war einst das Kurbad der Sowjetunion. Hunderttausend, meist russischer Kurgäste im Jahr durften nicht nur die warme, saubere Luft einatmen, sondern auch die gesundheitlichen Segnungen der schwach radioaktiven, 33 Grad warmen Thermalquelle genießen. Vor allem bei Rheuma und Gelenkerkrankungen sollen die Bäder heilende Wirkung zeigen. Das gemäßigte Klima sorgte zusätzlich für Wohlbefinden, sodass Tskaltubo, wie ganz Georgien, für viele Russen aus dem kalten Norden das Italien der Sowjetunion war. Ein Sehnsuchtsort.

»Hier ist der Bahnhof.« Manana zeigt auf ein weiß getünchtes Gebäude, in dem jetzt eine Automaten-Spielhölle beheimatet ist. »Jeden Tag kam ein Zug aus Moskau an, um Kurgäste hierher zu bringen oder wieder mit in die Heimat zu nehmen.« 1934 wurde Tskaltubo an das Bahnnetz angeschlossen, längst fährt kein Zug mehr.

Nicht weit vom Bahnhof hält die Marschrutka. »Siehst du das Gebäude, oben am Berg?« Manana zeigt hinter sich auf einen gewaltig großen, grauen Klotz, Marke quadratisch, praktisch, gut. »Das ist das Hotel, in dem ich viele Jahre gearbeitet habe. Meine Sprachkenntnisse waren von großem Nutzen. Nicht nur Russisch, auch Deutsch. Denn manche Kurgäste kamen aus der DDR. Insgesamt gab es mehr als

5.000 Betten in der Stadt und 19 Sanatorien. Jede Gewerkschaft hatte ihr eigenes Gebäude. Gekurt wurde das ganze Jahr über, die Leute waren meistens drei Wochen hier.«

Seit dem 19. Jahrhundert gibt es das Heilbad bereits, die Quelle der Unsterblichkeit, wie es von den Einheimischen genannt wird. Vor dem Zweiten Weltkrieg existierten nur zwei Sanatorien und eine überschaubare Anzahl Hotels, während des Krieges dienten diese als Krankenhäuser. Nach Kriegsende herrschte ein regelrechter Bauboom. Sowjetischer Klassizismus. Denn es gilt die Devise, was früher nur die Reichen und Mächtigen genießen konnten, soll jetzt allen ermöglicht werden.

Der Aufenthalt in Tskaltubo war eine Auszeit von der Plattenbaunachbarschaft, von feuchten Wohnungen daheim, vom Schlangestehen. Tskaltubo, ein Ort, in dem man träumen will, um sich von der Kälte und Härte Moskaus, von Maschinen und Fabriken und Politbüros zu erholen. Heilung für die arbeitende Bevölkerung und damit die Stärkung der kollektiven Arbeitskraft. Mondäne Gebäude, prächtige Bäder, Parks und breite Alleen wurden errichtet, die Sanatorien bildeten einen Ring um Park und Erholungseinrichtungen. Tskaltubo wurde per Dekret der Regierung der »Georgischen Sozialistischen Sowjetrepublik« zum Premium-Kurort ernannt. Topziel in der UdSSR.

»Halt. Stopp. Sie können nicht weiter!« Die Gesten des grimmig dreinschauenden Wachmanns sind unmissverständlich. Manana will mir das ehemalige Sanatorium der hohen Offiziere, das Militärsanatorium, zeigen. Es ist eins von zwei Sanatorien, das wieder als Hotel betrieben wird, in dem man Anwendungen buchen kann.

Manana redet auf den Mann in Wachuniform so lange ein, bis er etwas weniger grimmig schaut und uns mit einer energischen Bewegung durchwinkt, danach verkriecht er sich wieder in sein Kabuff, in das nicht mehr als ein Stuhl passt.

»Was hast du ihm erzählt?«

»Ich habe ihm gesagt, dass du das Hotel für eine große Besuchergruppe anschauen sollst. Wenn es dir zusagt, dann buchst du viele Zimmer im Hotel.« Manana grinst schelmisch. Das hätte ich der so akkurat wirkenden Lehrperson nicht zugetraut.

Wir gehen durch einen Park mit alten Bäumen – Kastanien, Eichen, Linden und Eukalyptus; Blumenrabatten mit blauen Stiefmütterchen, gelben, roten und orangefarbenen Ranunkeln flankieren unseren Weg. Ein Frühlingsgruß. Ein großes Gebäude mit Säulen am ebenso großen Eingang, ein paar Stufen führen in die Lobby. So könnte »Tara«, das Anwesen von Margret Mitchells Roman »Vom Winde verweht« ausgesehen haben. Üppige Kronleuchter hängen von den Decken, aber die Sessel im Eingangsbereich sehen nach abgewohntem 70er-Jahre-Schick aus, mit braun-orange gemusterten Polstern. Im besten Fall Retro-Schick, auf keinen Fall »Tara«.

An der Rezeption erzählt Manana wieder die Geschichte von der Unterkunftssuche für eine große Gruppe. Die Frau an der Rezeption mustert mich, ich kann ihr ansehen, dass sie Manana kein Wort glaubt, umso erstaunlicher, dass uns dennoch die Zimmer des Vier-Sterne-Hotels gezeigt werden. Die Zimmer sind renoviert und spartanisch eingerichtet, was bei der Größe der Zimmer gar nicht anders möglich ist: zwei Betten, ein Schrank und ein kleines Badezimmer. Wie sollen sich zwei Personen gleichzeitig in dem Zimmer aufhalten?

»Vielen Dank, ich melde mich«, sage ich der Frau an der Rezeption zum Abschied. Sie schenkt mir ein automatisches Profi-Lächeln. Mit hochpreisigen Angeboten und Sicherheitspersonal wird hier die Realität Tskaltubos abgeschirmt. Denn das Ende der Sowjetunion war der Anfang des Zerfalls der Stadt. Die Sanatorien und Hotels standen leer, waren sich und der Natur überlassen.

Hänflinge und Heckensänger zwitschern. Wir gehen durch den Kurpark mit abgesperrten oder zugenagelten Pavillons und verkrauteten Fontänenbecken. Einst lustwandelten hier Tausende, nun sind wir allein. Manana führt mich zum ehemaligen Hotel und Sanatorium Medea, einer verlassenen Schönheit zwischen riesigen Eichen und Palmen. Was für eine Pracht! Das marode Gebäude hat nichts von seiner eindrucksvollen Gestalt verloren – abgesehen von Türen und Fenstern. Die weitläufige Freitreppe führt hinauf in eine Säulenhalle mit himmelblauer Decke. Die Säulen sind so filigran, dass man den Eindruck hat, die Decke schwebe. Man kann sich leicht vorstellen, wie die Kurenden in ihren besten Gewändern zu klassischer Musik, auch bei Regen oder Hitze in der Säulenhalle promenieren.

Vielleicht standen auch vereinzelt kleine Tische mit zwei, drei Stühlen auf der Terrasse, um ein Tässchen Tee zu trinken oder heimlich ein Glas Wodka zu kippen.

Hinter der Säulenhalle zeigt sich ein großer Innenhof von der Größe eines halben Fußballfeldes. Die Wasserbecken sind überwuchert, aber nicht nur die, die Natur hat vom gesamten Innenhof Besitz ergriffen – bis auf zwei Gemüsebeete. Maispflanzen zeigen ihr erstes Grün, Bohnenstangen stehen in Reih und Glied. »Seit 1993 sind Flüchtlinge aus Abchasien hier untergebracht. Binnenflüchtlinge, also ethnische Georgier, die zwar seit Generationen in Abchasien lebten, aber durch den Krieg zwischen der georgischen Regierung und den abchasischen Separatisten ihre angestammte Heimat verlassen mussten«, erklärt Manana.

Wo es sich einst die Kurgäste gutgehen ließen, versuchen Flüchtlinge zu überleben. »Manana, das ist beinahe 30 Jahre her. Und sie leben immer noch in diesen halb zerfallenen Sanatorien!?«

Manana nickt.

»Das bedeutet, es gibt eine ganze Generation oder sogar schon zwei Generationen, die in diesen heruntergekommenen Gemäuern aufgewachsen ist.« Ich kann es nicht glauben.

Manana nickt erneut. Dem Staat ist es nach 30 Jahren immer noch nicht gelungen, alle Flüchtlingsfamilien in richtige Wohnungen umzusiedeln. Zwar werden am Stadtrand neue Häuser errichtet, doch die meisten Flüchtlingsfamilien können nicht dorthin umziehen, weil der georgische Staat die neuen Wohnungen quasi im Rohzustand übergibt, die Familien aber nicht in der Lage sind, das Geld aufzubringen, um sie beziehbar zu machen.

Wir steigen eine weitläufige Treppe hinauf und erreichen mit Stuck verzierte Säle, einst Orte, um sich die Zeit zwischen den Anwendungen zu vertreiben. Die Holzbalustrade fehlt ebenso wie Tische und Stühle, auch von den Parkettböden ist nur noch ein kleiner Teil vorhanden. Die Flüchtlinge besaßen anfangs überhaupt nichts, deshalb verheizten sie nach und nach die kostbaren Möbel, die Holzgeländer und Böden. Eine warme Suppe im Winter ist wichtiger als kunstvolle Intarsienarbeiten. Durch das Schicksal der heutigen Bewohner bekommt meine Freude am Entdecken der einst herrlichen Räumlichkeiten einen Dämpfer, außerdem möchte ich nicht in Privatsphären eindringen.

»Komm', ich zeige dir eins der Badehäuser, das wieder in Betrieb ist«, versucht mich Manana abzulenken. Durch den Kurpark gehen wir zum Badehaus Nummer 6, dem »Großen Bad«. Im Kurpark wurden einst von den Flüchtlingen Gärten und Viehweiden zur Selbstversorgung angelegt. Bäume wurden gefällt, um damit zu heizen.

Kurz darauf stehen wir im großen, repräsentativen Foyer von Badehaus Nummer 6. Spiegelglatter Marmorboden, weiße Säulen, daneben stehen jeweils vier bestimmt drei Meter hohe, schlanke, verzierte, weiße Postamente aus Porzellan, darauf flattert eine hellblaue Taube mit rosa Schnäbelchen, ebenfalls aus Porzellan – ihr Zweck erschließt sich mir nicht.

Während Manana mit der Frau an der Kasse spricht, entdecke ich über dem Eingangsportal einen großen, alten, aber bereits elektronischen Fahrplan, auf dem die Orte beleuchtet werden, zu denen die nächsten Busse abfahren. Wie umtriebig muss es damals in den Bädern zugegangen sein? Heute ist es dagegen ruhig. So ruhig, dass Manana eine Mitarbeiterin findet, die uns durchs mondäne Bad führt.

Das »Große Bad« prunkt und protzt. Überall Gemälde, Vasen, Porzellanfiguren. Wir werden durch einen langen Gang geführt zu einem vieleckigen Spa-Becken mit herrlichen Mosaiken, in der Mitte des Beckens ist ein pompöser Brunnen mit speienden Löwenköpfen und einem Löwenbändiger. In dem Becken entspannte sich früher Stalin. Es war sein Privatbaderaum, jetzt wird er saniert.

Tskaltubo war einer der Lieblingskurorte des Diktators, er hatte hier sogar eine eigene Datscha. Datscha hört sich nach bescheidener, rustikaler Unterkunft, nach Gartenhäuschen oder Laube an. Doch das trifft nicht auf Stalins Datscha zu. Das zweigeschossige Haus hatte etliche Zimmer, eine Terrasse, Billardzimmer und Heimkino, dies war Standard in allen Häuser Stalins. Doch das Haus liegt im Grünen, eben wie eine Datscha. Stalin hatte diverse Häuser: In Sotschi kurte er ebenfalls gerne und brauchte dort ein eigenes Haus, in Abchasien befindet sich ebenfalls eins und auch an der Schwarzmeerküste. Stalin soll immer gleich mehrere Monate zur Kur geblieben sein. Das warme Heilwasser Tskaltubos soll seine Arthritis gemildert haben. Ich kann mir gut vorstellen, wie er in seinem Privatbecken die Entmachtung seiner Gegner ausheckte und bei der abendlichen Grillparty, die er so schätzte, mit seinem Tenor schwermütige Lieder sang.

Außer Stalins Spa gibt es in der Heilkurbadeanstalt noch diverse Räume, in denen man in Wasser oder Luft baden kann, allerdings nicht ganz so opulent und geschmackvoll, wie im Diktatoren-Becken. Wir können gleich eine Anwendung bekommen, schlägt die Mitarbeiterin vor. Manana fragt nach dem Preis und schaut empört drein.

Vor der Badeanstalt muss Manana ihrem Ärger erst einmal Luft machen. »Für wen sind diese Preise gemacht? Das kann kein normalverdienender Georgier bezahlen. Wer soll hier baden?« – Ich schätze, Bad Nummer sechs ist für Touristen hergerichtet worden, die die saftigen Eintrittspreise bezahlen. Oder für gut betuchte Sowjetnostalgiker. Leider nicht für Georgier und schon gar nicht für die Georgier aus Abchasien.

Nachdem sie sich beruhigt hat, deutet Manana zum Dach des Badehauses, dort zeigt ein Fries Stalin umringt von Jugendlichen, die ihm begeistert zuwinken, die Hand schütteln oder ihm einen Blumenstrauß überreichen. Bei näherem Betrachten sind die jungen Leute gar nicht mehr so jung, sie sind nur ausnahmslos kleiner als Stalin. Und das, obwohl der Diktator nur 1,65 Meter maß. Vielleicht durfte auf den Abbildungen keiner größer sein, als der Größte.

Manana möchte noch zum schönsten Sanatorium, Iveria. Ein Holzzaun umfasst das große Gelände. Security steht vor einem verrammelten Eingang. Manana spricht mit den ganz in schwarz gekleideten Männern, bis der Anführer der kleinen Gruppe nickt.

»Was hast du ihm erzählt?«

»Dass ich früher hier gearbeitet habe, und dass du aus Deutschland angereist bist, um Iveria zu sehen. Ist beides nicht gelogen.« Sie schaut mich mit treuherziger Miene an.

»No photos«, ermahnt man uns mit erhobenem Zeigefinger, dann wird das Sicherheitsschloss aufgeschlossen – Manana, die Türöffnerin. Iveria verströmt immer noch Grandezza und Pracht, auch wenn es innen eine jämmerliche Ruine ist. Eine gigantisch große Eingangshalle empfängt uns mit einem kreisrunden, stuckverzierten Loch in der ebenfalls hellblauen Decke oder auf dem Boden, je nachdem in welchem Stockwerk man ist. Das Licht fällt weich und warm aus allen Richtungen in das Foyer. Wir steigen in den ersten Stock. Die freistehenden Treppen ohne Geländer – auch hier diente das Holz als Brennmaterial – sehen aus wie Knochen eines Skeletts. Stuck in jedem Zimmer, Blümchentapeten hängen von der Wand, mit Ornamenten verzierte Fliesen. Aus dem aufgerissenen Boden eines einsturzgefährdeten Balkons wächst ein kleiner Feigenbaum, ein Rätsel, wie er sich hält und mit Nahrung versorgt. Der Speisesaal hat Fensterfronten in Zimmerhöhe, zwar fehlt das Parkett, stattdessen liegt Schutt auf dem Boden, aber die Stuckdecke ist intakt, man müsste nur einmal drüber malen. Ein Erker, fast so groß wie der gesamte Seitenflügel des Gebäudes, ist von Säulen getragen.

Der Security-Mann steht im ehemaligen Ballsaal, einladend hebt er den Arm, als wolle er uns in den Raum geleiten. Was für ein Ballsaal: ein turnhallengroßer Saal, an dessen Querseite eine Bühne steht, für das Orchester, für Theater- oder Filmaufführungen. Der rote Vorhang hängt schräg von der Bühnendecke. Die Holzempore zur Bühne wurde nicht verfeuert, dafür der gesamte Parkettboden. Trotz der Zerstörung auch hier eine Pracht, eine Üppigkeit und Vielfalt an Dekor, Ornamenten und Verzierungen. Im Ballsaal konnten wahrscheinlich alle Kurgäste ihre großen und kleinen Zipperlein vergessen und wie Königinnen und Könige durch den Saal schreiten, um mit dem Kurschatten ein Tänzchen zu wagen. Was für eine andere Welt muss das für die Kurgäste gewesen sein, die daheim in hellhörigen, zugigen Plattenbauten lebten?

Seit 2018 werden die Gebäude durch »Tskaltubo Development Company« zur Versteigerung angeboten. Versucht wurde dies, leider erfolglos, bereits 2011 und 2013. Der Markt für Wellness-Dienstleistungen in Georgien entspricht sicherlich nicht dem in Westeuropa. Doch hier ist an prachtvollen Bauten kein Mangel. Zaun und Security lassen vermuten, dass Iveria einen Investor gefunden hat. Vielleicht rückt man so der großen Vision näher, aus Tskaltubo ein »Medical and Wellness Spa Capital« zu machen und es zur größten Kurstadt Osteuropas zu entwickeln. Vielleicht ist dann ein Spaziergang durch Tskaltubo nicht mehr ein Spaziergang durch eine surreale Welt, die sich im Schwebezustand zwischen Aufbruch und Untergang befindet.

Kapitel 34

Las Vegas des Ostens

»Kolchis?«, frage ich meinen Sitznachbarn in der Marschrutka auf gut Glück.

»Kolchis!«

Wir sind unterwegs nach Westen, Richtung Schwarzem Meer und befinden uns in Kolchis, der antiken Landschaft zwischen Kaukasus und Schwarzem Meer, die nicht nur eine Reise wert ist, sondern auch einen komprimierten Ausflug in die komplizierte griechische Mythologie. Kolchis ist das antike Königreich, in dem das sagenumwobene »Goldene Vlies« aufbewahrt worden sein soll, das goldene Fell eines geflügelten Widders, der zwei Geschwister rettete und mit ihnen von Griechenland gen Osten, nämlich nach Kolchis, flog. Die Geschwister überlebten, doch der Widder erfuhr keine große Dankbarkeit, ganz im Gegenteil: Er wurde kurzerhand geschlachtet, sein goldenes Fell erhielt König Aietes von Kolchis.

Im fernen Griechenland erfuhr man vom Verbleib des kostbaren Fells. Der Grieche Jason, der unbedingt ein paar Heldentaten benötigte, um den heimischen Thron zu ergattern, machte sich mit seinen Mannen auf gen Kolchis. Sie segelten mit dem Schiff »Argo«, darum wurden sie fortan die Argonauten genannt, vom Mittelmeer, durchs Marmarameer, ins Schwarze Meer. Um die Geschichte abzukürzen: Jason und Medea, die Tochter des Kolchis-Königs, verliebten sich. Medea war nicht nur Königstochter, sondern auch Schamanin. Aber Medea beging Verrat an ihrem Clan, denn im Liebestaumel half sie Jason den Ihren das »Goldene Vlies« zu stehlen. Medeas Zaubermittel ließ Jason einen Drachen besiegen, sie tötete für den Geliebten sogar den eigenen Bruder. Zusammen mit Jason und dem »Goldenen Vlies«

ließ sie sich in Griechenland nieder. Doch für die beiden gab es kein Happy-End, denn Jason bekam den Thron nicht und wurde ihr dann auch noch untreu. Medeas Rache war fürchterlich, sie richtete ein Blutbad an, tötete sogar die gemeinsamen Söhne, und Jason stürzte sich am Ende in sein Schwert.

Über das »Goldene Vlies« schrieb der griechische Geograph Strabon bereits um die Zeitenwende pragmatischer: »Man sagt, dass in ihrem Land (gemeint ist Kolchis) das Gold von den reißenden Bergflüssen heruntergeschwemmt wird und dass die Barbaren es mit Hilfe von durchlöcherten Wannen und wolligen Fellen gewinnen. Dies soll der Ursprung vom Mythos des Goldenen Vlieses sein.«

Jedenfalls durchfahre ich gerade das sagenumwobene Kolchis. Jetzt im Frühjahr scheint die gesamte fruchtbare Ebene zu sprießen, zu blühen und zu wachsen. Kinder spielen in den Höfen. Rote Tulpen blühen. Obstbäume blühen weiß und rosarot, über den Gärten wabert Schaschlikduft, weiße Plastikstühle laden zur Einkehr ein.

In einem Kaff fahren wir an einem bröckelnden Mosaik vorbei: halb abgefallene sozialistische Schnitterinnen, daneben von zupackenden Männern gefahrene Traktoren, wenn auch nur noch schemenhaft erkennbar – ein kommunistisches Ernte-Idyll. Ein paar Meter weiter steht eine dieser aus Beton gegossenen Bushaltestellen mit überdimensionalem Dach, näher an einem futuristischen Ufo als an einem Wartehäuschen. Es gibt sie in unterschiedlichsten Varianten und Formgesinnungen. Mal mit schmiedeeisernen Verzierungen, mal Schutzhütten ähnlich, aber oftmals mit einer gewagten Dachkonstruktion. Das Kolchis von heute ist so gar nicht golden.

Soll ich staunen? Oder pausenlos den Kopf schütteln? Beides! Was ich aus dem mittlerweile regenverschmierten Fenster der Marschrutka sehe, könnte die kleine Schwester Dubais oder die Cousine Dohas sein. Mein Sitznachbar hebt den Daumen. »Batumi good.«

Unentschieden wackle ich mit dem Kopf. Was ich sehe sind höchst eigenwillige Hochhauskreationen, ein merkwürdiger Turm, Glasfassaden, die in der Sonne glitzern, außer wenn es wie jetzt plötzlich zu regnen beginnt. Hochhäuser, bunt, wie Modelle von Playmobil, kitschig, eine architektonische Wundertüte, die keinem Plan zu folgen scheint, wo nichts zusammenpasst, eine Hafenstadt am Schwarzen Meer, die einfach vom Bauboom überrollt wurde, dies ist mein erster Eindruck.

Das Wetter hat sich wieder etwas aufgehellt. Bevor neue Regenwolken überm Meer heranziehen, zieht es mich an den Hafen. Angler neben Angler wirft Köder aus, gleichzeitig beobachten alle, wie ein riesengroßer Tanker einfährt. Der Hafen von Batumi ist einer der ältesten der Welt. Batius Liman – tiefe Bucht. Batumi, damals war der Ort griechische Kolonie. Später wurde die tiefe Bucht von den Osmanen erobert, die Türkei liegt um die Ecke. Um 1870, so ist in einer Broschüre der Touristeninformation zu lesen, gehörte der Hafen zu den wichtigsten Umschlagplätzen von Holz, Baumwolle und Mangan. Später kam das Erdöl hinzu. Bis zu 80.000 Bruttoregistertonnen schwere Kähne können im Hafen abgefertigt werden. Eine Erdölraffinerie in Hafennähe verarbeitet das aus Aserbaidschan kommenden Rohöl, bevor es weiter verschifft wird.

Das Wetter bessert sich, deshalb gehe ich weiter, immer an der langen Strandpromenade entlang, an der es ständig was zu sehen gibt: Springbrunnen mit Musik aus Lautsprechern, Souvenirstände, ein Paar überdimensionale Turnschuhe, vermutlich Schuhgröße 174, in die man mit seinen Schuhen reinschlüpfen kann, um auf großem Fuß zu leben oder erst mal zu stehen, Fahrrad- und Mopedvermietung, Popcorn und Eis, Strandcafés, Graffiti und Liegestuhlverleih, dazwischen Statuen und den Blick auf Kiesstrand und Meer.

Unübersehbar sind die modernen Hotelbauten und der »Turm des georgischen Alphabets«: Auf 130 Meter Turmhöhe verteilen sich die 33 Buchstaben des georgischen Alphabets, das sind fünf Buchstaben weniger als das Alphabet früher hatte. Die fünf wurden im 19. Jahrhundert abgeschafft, weil die entsprechenden Laute in der modernen Aussprache nicht mehr vorkommen. Denn im georgischen Alphabet hat jeder Laut oder Doppellaut sein eigenes Zeichen, da wären beispielsweise verschiedene Aussprachen wie ts, ds, tsch, dsch, ch, gh, z und s. Die Zeichen sind nicht an irgendeine andere Schrift angelehnt. Sie wurden den Erfordernissen der georgischen Sprache entsprechend geschaffen und sind an deren phonetische Eigenschaften angepasst.

Also saust man per Fahrstuhl vorbei an 33 Buchstaben, um in die Kuppel des Turmes zu gelangen. Oben soll es ein Observatorium, ein Restaurant und auch Fernsehstudios geben. Aus der Broschüre, die man mir in die Hand gedrückt hat, erfahre ich, dass der Turm 2015 für die Dauer von 20 Jahren für einen Lari Jahresmiete an einen spanischen Investor verpachtet wurde.

Investoren sind in Batumi gern gesehen, schließlich sorgen sie für den gewünschten Bauboom und für noch mehr Kapazitäten für den florierenden Tourismus. Russen kaufen wie wild Wohnungen, aber auch Iraner, Türken, Reiche aus Aserbaidschan und Kasachstan. Sheraton, Hilton, Radisson, Hotelketten von Rang und Namen sind längst vor Ort.

Dabei hatte der Tourismus in Batumi ziemliche Startschwierigkeiten. Zur Jahrtausendwende gab es nur zwei größere Hotels und ein paar Pensionen, höchstens ein paar ukrainische Urlauber verirrten sich ins heutige »Las Vegas des Ostens«, wie auch die zwei Frauen der Touristeninfo ihre Stadt nennen. Nach dem Abchasien-Krieg galt die Region als instabil. Zugleich hatte ein damals herrschender autokratischer Lokalfürst die Autonome Republik Adscharien mit seiner Hauptstadt Batumi faktisch in seinen Feudalbesitz umgewandelt. Doch im Jahr 2003 vertrieb der damals neue Staatspräsident Micheil Saakashwili den eigenwilligen Batumi-Autokraten. Fortan sollte der Tourismus angekurbelt werden: Die Regierung investierte massiv in die Infrastruktur. Auch mit Hilfe der deutschen GTZ, der Gesellschaft für Technische Zusammenarbeit. Bis dahin musste das Schwarze Meer die ungeklärten Abwässer der gesamten westgeorgischen Region verkraften. An Baden dachten da nur ganz Abgebrühte. Auch das Trinkwasser war nach ordentlichen Regengüssen in den Bergen voller Schmutz und staute sich in den altersschwachen Wasserleitungen. Für die Kanalisation und viele Kilometer neue Wasserleitungen sorgte die GTZ und schuf damit eine wichtige Voraussetzung für den Tourismus. Nun konnten ausländische Reiseveranstalter umgarnt werden, man lockte Besucher mit Konzerten internationaler Stars – und mit anfangs einem Casino. Glücksspiel ist für Muslime »haram« – verboten. Aber Türken, Iraner und Araber kamen scharenweise zum Zocken. Schnell wurden mehr Casinos gebaut… zwei, drei, vier, fünf… egal, wenn dafür das alte Postgebäude oder andere schöne, alte Gebäude abgerissen werden mussten. Nachtclubs und Restaurants wurden aus dem Boden gestampft. Wie sonst sollte aus Batumi das »Las Vegas des Ostens« werden?

Abgerissen wurde auch schon früher. Das Hotel Intourist Palace steht auf dem Fundament der 1888 geweihten, orthodoxen Alexander-Newskij-Kathedrale. Im Zuge einer großen Atheismus-Kampagne wurde die Kathedrale 1936 abgerissen und das Hotel gebaut. Es war übrigens für das Treffen von Winston Churchill, Franklin Roosevelt und Josef Stalin vorgesehen, doch die Zusammenkunft wurde dann auf die Krim, an den Badeort Jalta verlegt, wo die »Großen Drei« über die Aufteilung Deutschlands und die Machtverteilung in Europa nach dem Zweiten Weltkrieg konferiert haben.

Mein Blick bleibt an zwei Konstruktionen hängen, die aus vielen schmalen Aluringen besteht. Zweifellos die Silhouette einer Frau und eines Mannes. Die acht Meter hohen Figuren stehen weit auseinander, als wäre die Kluft zwischen ihnen so groß, dass sie nicht zusammenkommen können. Bei genauerem Hinsehen bewegen sich die beiden aufreizend langsam aufeinander zu, berühren sich erst zart, verschmelzen zu einer Figur, bevor sie sich in Zeitlupe wieder trennen und als autonome Figuren bestehen, bis es zur nächsten Berührung kommt. Ich bin begeistert von den fließenden Bewegungen, von der Idee, von der Umsetzung. Erschaffen hat »Man and Woman« Tamar Kvesitadze, eine georgische Künstlerin und Bildhauerin. »Man and Woman« wurde später in »Nino und Ali« umbenannt. Nino und Ali ist eine große, dramatische Liebesgeschichte, sozusagen Romeo und Julia auf Georgisch oder besser auf Eurasisch: Im aserbaidschanischen Baku verlieben sich der Moslem Ali Khan und seine georgische Prinzessin, die orthodoxe Nino Kipiani ineinander. Gegen alle Widerstände heiraten sie am Vorabend der Russischen Revolution und leben in Baku, bis der Krieg sie scheidet. Zwei Kulturen. Zwei Religionen. Zwei Welten. Eine verschlungene Geschichte voller Geheimnisse und Rätsel.

Genauso verschlungen ist die Frage nach dem Autor des 1937 erschienenen Romans. Kubman Said steht auf dem Buchdeckel – ein Pseudonym, bis heute ist nicht eindeutig geklärt, wer den Roman geschrieben hat. Vielleicht steckt ein gewisser Lev Nussimbaum dahinter, ein jüdischer Aserbaidschaner, der 1905 in Baku geboren wurde und 1919 vor der Roten Armee fliehen musste. Ein Bohemien, der über Istanbul, Rom und Paris nach Berlin kam.

Oder war Kurban Said eine Frau? Eine Deutsche? Baronin Elfriede von Ehrenfels wird ebenfalls als Autorin gehandelt. Eine bekannte Publizistin ihrer Zeit, die mit dem Asienforscher Omar Rolf von Ehrenfels vermählt war. Vielleicht haben die Baronin und Nussimbaum das Buch auch gemeinsam geschrieben. Sie kannten sich, es heißt sogar, sie hätten ein Verhältnis gehabt. Was halt so geredet wird…

In der Altstadt zeigt Batumi ein ganz anderes Gesicht als an der aufgemotzten Strandpromenade. Kopfsteinpflaster, zwei-, maximal dreigeschossige Häuser, gut 150 Jahre alt, viele mit Löwen oder mythischen Figuren geschmückt. Ein Hauch von Orient und Okzident, ein Mix aus restaurierten Altbauten und marodem Charme. Vegane Cafés neben winzigen Kolonialwarenläden. Hoffentlich bleibt der Altstadt der Weg der Gentrifizierung erspart.

Es beginnt wieder zu nieseln, darum gehe ich in den nächstbesten Laden, ein Souvenirgeschäft, von oben bis unten vollgestopft mit Plastik-Krimskrams aus China, Fotoheften über Batumi und Umgebung, Tischdecken aus Synthetik, Eierbecher mit georgischem Wappen, Badeschlappen. Die Verkäuferin macht mich auf außergewöhnlich bemalte Kiesel aufmerksam, auf geschmackvolle Zeichnungen. »From local artists«, sagt sie.

Drei der flachen Kiesel gefallen mir ausgesprochen gut. Ich eröffne das Handeln. Die Verkäuferin geht darauf ein, doch schnell scheint ihr Spielraum ausgereizt. »Bitte den Preis nicht weiter drücken«, fleht sie. »Ich habe heute noch nichts verkauft. Ich muss wenigstens ein paar Lari verdienen.« Dann erzählt sie, dass sie sich im teuren Batumi keine Wohnung leisten könne, deshalb hat sie eine Matratze gleich hinter der Ladenkasse ausgelegt, einen Kocher und ein Waschbecken gibt es auch noch. »Mehr brauche ich eigentlich auch nicht«, meint sie bescheiden. Die Wintermonate verbringe sie bei ihren Eltern auf dem kleinen Bauernhof, der nicht mal ausreicht, um die Eltern zu ernähren. Sie unterstütze sie finanziell so gut es gehe. Dali, so heißt die Frau, die ich auf 35 bis 40 schätze, habe keine eigene Familie, sondern sitze die ganze Saison in ihrem Laden. Aber immer mehr Souvenirläden haben in der Altstadt eröffnet, das mache das Geschäft noch härter. Ich handele nicht weiter.

Als sich die Sonne wieder zeigt, setze ich mich an den Strand und beschließe, nur eine Nacht zu bleiben. Denn Batumi ist für mich eine Stadt, mit der ich nichts Rechtes anfangen kann.

Kapitel 35

Residenz!

Die letzten Tage verbringe ich in Tiflis und ich residiere, anders kann man es wirklich nicht nennen, im Schriftstellerhaus in der Ivane-Machabeli-Straße. Eine herrschaftliche, stilvoll geschwungene Holztreppe führt drei Stockwerke hinauf, doch bevor ich das Dachgeschoss erreiche, wird die Treppe zu einer schmalen Stiege, Marke Dienstbotentrakt. Der Türcode, der mir vorab per Mail zugeschickt worden ist, lässt die Tür zum Dachgeschoss aufspringen. Fünf Zimmer gibt es seit 2017 in der Jugendstilvilla für Literaten, neuerdings können auch Touristen hier nächtigen. Jedes Zimmer ist nach einem Schriftsteller oder Übersetzer benannt, der Bezug zu Georgien hatte. Boris Pasternak, John Steinbeck, Marjory und Oliver Wardrop, Alexandre Dumas und Nizami Ganjavi. Ich werde bei den Wardrops einquartiert, schimpfe mich eine Kulturbanausin, weil ich keine Ahnung von den Wardrops habe. Das ist sofort vergessen, als ich ins Zimmer trete: ein gut 50 Quadratmeter großer Raum, ein riesengroßes Bett, Sofa, zwei Sessel, Tisch mit Intarsien, diverse Beistelltische, ein großer Schreibtisch und ein herrlicher alter großer Spiegel. Alles – von der Tapete bis zu den Teppichen – farblich aufeinander abgestimmt. Die meisten Wände sind ochsenblutrot gestrichen, die Wand am Bett hat eine großflorige Tapete, dieselbe findet sich an der gegenüberliegenden Schräge, vergrößerte Gauben mit freigelegten Balken geben noch mehr Raum. Als Farbklecks ein knallrotes Tete-à-tete Sitzmöbel, ein zweisitziges Sofa, bei dem Sitz und Rückenlehne der beiden Plätze einander entgegengerichtet sind. Man sitzt von Angesicht zu Angesicht, ohne die Köpfe verdrehen zu müssen. Das ideale Möbel für Gespräche unter vier Augen. Ob das die Wardrops nutzten? Nun will ich meine Bildungslücke unbedingt schließen: Marjory und Oliver waren Geschwister. Oliver ein britischer Diplomat und Marjory Gelehrte und Übersetzerin. Nachdem Oliver nach Georgien versetzt worden war, lernte Marjory in England fleißig Georgisch und besuchte 1894-95 ihren Bruder, ein Jahr später reiste sie erneut nach Georgien. Sie knüpfte enge Kontakte zu georgischen Schriftstellern und Künstlern und übersetzte georgische Literatur ins Englische.

Giorgi, ein Student der Wirtschaftswissenschaften, der hier als Rezeptionist Nachtdienst schiebt, zeigt mir die übrigen Räume. Alle individuell, geschmackvoll, opulent und edel eingerichtet: feine Tapeten, antike Möbel. Kleine Museen, die an die Namensgeber erinnern. Das Zimmer »Nizami Ganjavi« hat einen orientalischen Touch. Der persische Dichter aus dem 12. Jahrhundert soll mit seinen Gedichten die georgische Literatur beeinflusst haben.

Giorgi erzählt auch die Geschichte des Hauses. Dawit Saradschischwili verdiente sein Geld mit der Herstellung von georgischem Cognac. Nach seinem Chemie- und Philosophiestudium in Sankt Petersburg, promovierte er in Heidelberg und lernte anschließend in Frankreich die Herstellung von Wein und Cognac. Mit seinem Wissen gründete er in Tiflis eine Spirituosenfabrik, verwendete nur georgische Zutaten und stellte seinen Cognac her, wie er es in Frankreich gelernt hatte. Offenbar ein gutes Geschäft, denn Saradschischwili galt damals als reichster Mann des Landes. Er wurde sogar Lieferant des Russischen Hofes. 1905 feierte Saradschischwili den 25. Hochzeitstag mit seiner Ekaterine Porakishvili, als Geschenk für das gemeinsame Vierteljahrhundert ließ er das Haus in der Ivane-Machabeli bauen. Im Hochparterre mit einem Ballsaal. Dawit und Ekaterine öffneten das Haus für Künstler, es gab Konzerte, Bälle, Lesungen, Diskussionen, Vorträge, Ausstellungen – ein Treffpunkt der Kunst und der Künstler, die Schriftsteller Ilja Chavchavadze und Akaki Zereteli, dessen Reise nach Ratscha als Dokumentarfilm in Kutaisi uraufgeführt wurde, gingen im Haus an der Machabeli aus und ein. Als Mäzen finanzierte Saradschischwili auch Auslandsaufenthalte, damit georgische Künstlerinnen und Künstler in anderen Ländern neue Erfahrungen sammeln konnten.

Nach Saradschischwilis Tod kaufte Akaki Khoshtaria, ein Geschäftsmann aus der Ölbranche das Haus, allerdings wurde er 1921 enteignet, nach dem Einmarsch der Roten Armee. Aus dem offenen Haus für Künstler aller Art wurde ein Haus des georgischen Schriftstellerverbandes, mit Büros für Schreibende. Auch Maxim Gorki und Alexej Tolstoi sollen zu Gast gewesen sein.

Giorgi hört meinen Magen knurren. »Lecker essen kannst du unten, im Garten.«

Was für ein Garten! Umrahmt von einer Mauer, an der große, Schwarz-weiß-Fotos vom Ballsaal hängen, überall Grün, zwischen den langen Tafeln genauso wie bei den Nischen für Zweisamkeit, beschattet wird der ganze Garten durch die Äste und Zweige eines riesigen Baumes. Mit Einbruch der Dunkelheit badet der Garten in Kerzenlicht, für mich der schönste Platz in Tiflis.

Kapitel 36

Friedhofs-Picknick

»Willst du mitkommen?«, fragt mich Brigitte spontan.

Ich nicke begeistert.

Brigitte ist Schweizerin, aber vor ein paar Jahren der Liebe wegen nach Tiflis gezogen. Für ihren Wacho hat sie nach einem Jahr Fernbeziehung die Zelte in der Schweiz abgebrochen, um sie in Georgien wieder aufzuschlagen.

»Ich war 45, war offen und bereit, woanders, in einer anderen Realität zu leben. Das war eine gute Voraussetzung für den Neuanfang. Trotzdem war es ein Sprung ins kalte Wasser, aber ich hätte ja jederzeit zurückgekonnt«, erzählt sie auf der Fahrt. Zumindest hatte Brigitte eine Ahnung, was sie erwartet, denn während der Fernbeziehung ist sie dreimal nach Georgien gekommen. »Schon beim ersten Besuch habe ich mich sehr wohl gefühlt, und die Landschaft hat mir so gut gefallen.« – Mit 32 Kilo Gepäck stand sie 2015 am Flughafen in Tiflis, bereit für ihr neues Leben. Ihren gesamten sonstigen Besitz hat sie weggegeben, verschenkt oder verkauft.

Kennengelernt haben sich Brigitte und Wacho am Hauptbahnhof in Zürich. Brigitte will dort einen Kaffee bestellen, und hinter ihr steht ein Mann, der dort offensichtlich Stammkunde ist. Noch bevor Brigitte ihren Kaffee bekommt, hat Wacho seinen bereits in der Hand. Das behagt ihr natürlich nicht, sie protestiert. Wacho, ganz Gentleman, spendiert ihr den Kaffee, und die beiden kommen ins Gespräch. »Er hat für mich so speziell ausgesehen mit seinen hellblauen Augen und dem Schalk darin«, schwärmt Brigitte noch immer, während sie das Auto vorsichtig durch den chaotischen Verkehr der Hauptstadt lenkt.

Wacho, der studierte Geologe, arbeitete in Österreich und der Schweiz auf dem Bau. Deutsch lernte er mit Hilfe der Bibel, die er auf Georgisch sehr gut kennt. Elf Jahre lebte er in Europa, als er Brigitte kennenlernte, stand sein Plan bereits fest, nach Georgien zurückzukehren.

Brigitte fährt rechts ran. Dort wartet ein ganz in Schwarz gekleideter Mann mit silbernen Haaren. Jan ist Fotograf aus der Schweiz und möchte das georgische Ostern fotografieren. Er schaut ziemlich verschlafen in die Welt. Kein Wunder, denn bis um 4 Uhr in der Früh hat er am wichtigsten georgisch-orthodoxen Ostergottesdienst teilgenommen – in einer festlich geschmückten Kirche, über und über mit dünnen Bienenwachskerzen bestückt. Die Priester haben eine Liturgie gesungen, die auf die Anfänge der Christenheit zurückgeht. Ikonen wurden um die Kirche getragen, es gab viel Gesang, viel Zeremonie und viele Gläubige. Zuvor schon wurde das heilige Feuer direkt aus Jerusalem eingeflogen. Es landete auf dem Flughafen in Tiflis und wurde dann in die Kirchen der Stadt verteilt.

Trotz des Schlafmangels möchte Jan heute, am Ostersonntag, zu den Gräbern, um Fotos zu machen. Brigitte fährt ihn in ein Dorf, in dem Wachos Onkel lebt. Dort nimmt man es mit den Bräuchen nicht so zeitgenau. Denn eigentlich geht man erst am Ostermontag auf den Friedhof. Doch da sitzt Jan bereits wieder im Flieger. Darum ist er froh, dass die Leute in Wachos-Onkel-Dorf flexibel sind, manche gehen Ostermontag, manche schon am Ostersonntag zu den Toten. Allerdings entspricht der Ostersonntag kalendarisch nicht unserem Ostersonntag. Das deutsche Osterfest war bereits eine Woche früher, weil sich aber das georgische Ostern am julianischen, nicht am greogorianischen Kalender orientiert, hinkt das georgische Osterfest eine Woche hinterher.

Da Jan die Fahrt für ein Nickerchen nutzt, nimmt Brigitte ihre Schilderung wieder auf. »Als ich nach Tiflis kam, hatte Wacho eine helle Wohnung für uns gefunden. Licht ist mir wichtig. – Ich hatte mir von der Schweiz aus schon einen Job an einer Privatschule hier organisiert.«

Die Arbeit ist nicht das, was sie sich vorgestellt hatte. Aber die Herzlichkeit mit der sie von Wachos Familie aufgenommen hat und die Zweisamkeit mit ihrem Wacho entschädigen sie. Gleichzeitig ist sie dem Charme von Tiflis verfallen. »Mir ist es lieber, wenn nicht alles so perfekt und geschleckt ist, so wie es in der Schweiz. Wenn der Verputz abbröckelt oder wenn Treppenhäuser eine Rauheit verströmen, weil sie in schlechtem Zustand sind, gefällt mir das besser. Manches sieht dann aus wie ein Kunstwerk, weil überall angebaut und weitergemacht wird. Man kann hier kreativ und erfinderisch sein. Und man braucht nicht für alles einen Masterabschluss oder Doktortitel.«

Bald schon hat Brigitte den Job gekündigt. Wie willst du Geld verdienen, wird sie gefragt. Schließlich geht die Jobsuche in Georgien meistens über Beziehungen. – Oder eben über Kreativität. Brigitte und Wacho sehen, dass Georgien als Reiseland viel zu bieten hat, aber der Tourismus erst langsam erwacht. »Das war unsere Chance«, sagt Brigitte lächelnd.

Wir fahren an einem großen See entlang, dem Tifliser Meer, das Naherholungsgebiet für die Städter. Tiflis liegt nur wenige Autominuten entfernt, und schon befinden wir uns in der Pampa. Zumindest auf der einen Seeseite, auf der anderen stehen dagegen jede Menge großer, gesichtsloser Wohnklötze. »Das ist die ‚neue Stadt am Tifliser Meer‘«, erklärt Brigitte. »Die neue Stadt ist 2015 anlässlich des Europäischen Olympischen Jugendfestivals aus dem Boden gestampft worden. Damals brauchte man Platz für 3300 junge Sportler aus 50 Ländern und deren Betreuer, so entstand eine Art Olympisches Dorf mitsamt Luxushotel.« Die chinesische Hualing Group, die viel in Georgien investiert, hat die neue Stadt gebaut. Im Gegenzug darf sie eine große Sonderwirtschaftszone einrichten. Das noch brachliegende Umland der neuen Stadt gehört der Gruppe bereits, genauso wie die größte Shoppingmall im Kaukasus, die dort schon gebaut ist. Noch kommen wenig Kunden, weil das Einkaufszentrum zu weit vom Stadtzentrum entfernt liegt. Doch mit Vergnügungspark, Restaurants und noch mehr Geschäften, die die Hualing Group plant, soll sich das ändern.

»Alles ist in dieser Sonderwirtschaftszone irgendwie intransparent und hat nichts mit Demokratie zu tun. Nur mit Business und Vergünstigungen für die Investoren«, meint Brigitte skeptisch.

Sie zieht es vor zu ihrer eigenen Geschichte zurückzukommen. »Wir wollten erst mal Exkursionen in und um Tiflis anbieten und haben fleißig Plakate aufgehängt. Doch nach zwei Stunden waren alle Plakate weg. Die Konkurrenz schläft nicht«, meint sie über die Anfänge. Den zweiten Versuch gingen sie professioneller an. »Uns wurde klar, dass wir die Leute schon daheim abfangen müssen, deshalb entwickelten wir eine Website, für die wir auch einen Namen brauchten. Wir entschieden uns für WB Tours. Gleichzeitig haben wir Kontakt zu Schweizer Reiseagenturen aufgenommen.«

In der ersten Saison kamen nicht viele Leute, was Brigitte und Wacho aber auch die Gelegenheit gab, sich ausgiebig im Land umzuschauen und größere Touren zusammenzustellen. Sehr privat sollen die Touren gehalten werden, man sitzt bei den Einheimischen zum Essen in der Küche, sodass die georgischen Familien auch etwas verdienen.

Die Straße ist schlecht. Der Berg ist steil. Im nächsten Dorf wohnt der Onkel, das erste Dorf, das nicht mehr zur Gemarkung »Tiflis« gehört. Könnte eigentlich egal sein, ist es aber nicht. Denn die Busse fahren nur innerhalb der städtischen Gemarkung. Sprich, zu Onkels Dorf gibt es keinen Bus. Alle müssen die letzten drei Kilometer zu Fuß gehen, sofern sie kein Auto haben. Und das haben wahrlich nicht viele, schon gar nicht die vielen alten Frauen, die jetzt am Sonntag auf niedrigen Bänken vor ihren Häusern sitzen.

Der Onkel mit Haarkranz, dunklem Gesicht und wunderschönen braunen Augen, empfängt uns mit offenen Armen, herzlichem Lachen und »Christe Aghsdga«, Christ ist auferstanden.

»Tscheschmaritad«, wahrlich, das ist er, erwidern wir den traditionellen Ostergruß.

Der Onkel führt uns in seinen Garten, dort sitzt ein Großteil der Verwandtschaft. Sie sind aus Tiflis gekommen, so wie fast jedes Wochenende. Denn sein Haus wird an Wochenenden und an Feiertagen zum Ferienhaus für seine gestressten Nichten und Neffen aus der Stadt umfunktioniert. Den Onkel freut's, ist doch im Dorf nicht viel los, für den allein lebenden Junggesellen kommt so Leben in die Bude.

Nach der Begrüßung und einem Rundgang durch den Garten geht's mit dem Auto weiter den steilen Berg hinauf, Richtung Friedhof. Ich muss an Dimitri und unseren »walk with car« denken. Ob er die Gräber von Lizi und der restlichen Verwandtschaft noch rechtzeitig in Schuss gebracht hat? Ob er Töchterchen Lizi an Ostern sehen darf?

Die letzten 200 Meter gehen wir zu Fuß. Auch dieser Friedhof liegt in luftiger Höhe. »Dem Himmel nah«, sagt Brigitte und breitet ihre Arme aus.

Ein paar Kiefern verströmen harzigen Duft. Das Weiß der Zäune um die Gräber blättert ab und wird durch Rost ersetzt. Auch hier ist auf den dunklen Grabsteinen das Antlitz der Verstorbenen eingeritzt. Jan drückt mehrmals auf den Auslöser und fragt den Onkel, warum die Gräber einzeln umzäunt seien.

»Wegen der Tiere«, lautet seine einleuchtende Antwort.

Da der Friedhof nicht eingefriedet ist, sondern die Gräber einfach wahllos nebeneinander auf der Bergkuppe liegen, würden die Kühe, die Schafe und Ziegen munter über die Gräber spazieren.

Keine fünf Minuten später sitze ich auf einer Bank, neben dem Grab von Nanas Eltern. Sie, also Nana und ihr Mann Levan, haben mich eingeladen sich zu ihnen zu gesellen. Jan fotografiert irgendwo, Brigitte genießt den herrlichen Blick auf Tiflis, das im Dunst zu erkennen ist.

Nana hat ein Plastiktischtuch über den Holztisch gelegt, der neben dem Grab verankert ist. Levan gießt aus einer PET-Flasche selbstgemachten Wein in einen Plastikbecher.

»Good«, sagt er und hebt den Daumen.

Ihre Tochter Tamuna, die mit ihren dunkelblonden Haaren, den üppigen Wangen, dem freundlichen Lachen, sogar ähnlichen Ohrringen eine jüngere Ausgabe ihrer Mutter ist, bricht ein großes Stück vom Osterkuchen ab. »Paske, is the name of the cake«, erklärt sie. »Paske ist Tradition, musst du unbedingt probieren.« Paske, ein luftiges, süßes Hefegebäck aus Weizenmehl und Rosinen. Der Kuchen sei wohl nicht georgisch, sondern komme aus dem russischen kirchlichen Brauchtum. Aber wen interessiert das schon? Paske gehört in Georgien zum Osterfest.

Erst gibt Nana mir zwei rotgefärbte Ostereier, dann legt sie je zwei an den Grabstein ihrer Eltern. Dazu noch den halben Paske-Kuchen und ein paar Schoko-Eier. Auf dem Tisch stehen weitere Köstlichkeiten: kaltes, gebratenes Huhn, Khatchapuri, Tomaten, Gurken, Reis, Schafskäse, Zwiebeln, Kräuter. Bevor meine Gastgeber zulangen, nehmen sie ihre Plastikbecher und gehen zum Grab. Levan hebt den Becher, sagt etwas, vermutlich einen Trinkspruch und leert seinen Becher bis auf einen Rest, diesen schüttet er an den Grabstein. Nana macht es ihm nach. Sie nicken mir zu, ich nehme auch einen Schluck und schütte den Rest zu den Grabsteinen. Auf das Wohlsein der Gestorbenen! Gagimardschos! Hier findet das Leben der Toten nicht allein im Jenseits statt.

»Wir essen und trinken mit den Verstorbenen, damit es ihnen im Jenseits gut geht«, übersetzt Tamuna für ihren Vater. »So gehören die Toten auch im Tod zu uns Lebenden. Das ist unser Trost. Schön, dass du dabei bist, denn die Toten werden umso mehr geehrt, je mehr Leute beim Essen und Trinken dabei sind.«

Der Onkel kommt vorbei, gleich wird ihm ein Becher mit Wein in die Hand gedrückt, die Männer klopfen sich gegenseitig auf die Schultern. Nana und der Onkel geben sich Küsschen. Sie kennen sich.

»Bei uns gibt es nur rote Ostereier«, sagt Tamuna. »Ich habe im Internet auch bunte Eier gesehen. Aber bei uns sind sie rot – rot wie das Blut Jesu. Wir färben die Eier am Freitag mit der Wurzel einer Pflanze…« Ich nicke wissend und füge in Gedanken ‚Färberkrepp‘ hinzu. »Dafür kaufen wir das rote Pulver, manchmal sammeln wir auch Zwiebelschalen zum Färben. Weil wir am Freitag vor Ostersonntag färben, heißt dieser Tag bei uns Roter Freitag.«

»Wie viele habt ihr denn gefärbt?«, frage ich.

»70 oder 80 Stück, du kannst also ruhig einige essen. Die Toten freut's auch.«

Gerade möchte ich ein Ei aufklopfen und es schälen, da hält mich Tamuna zurück. »Das geht so«, meint sie, nimmt ebenfalls ein Ei in die Faust, sodass nur ein Teil herausschaut. Wir schlagen die Eier gegeneinander, meines geht kaputt, ihres bleibt ganz. »Ich habe gewonnen«, sagt sie strahlend. – Und ich esse mein georgisches Osterei.

Tamuna erzählt, dass sie mit ihren Eltern in Tiflis lebt, wo sie Biochemie studiert. Sie würde gerne ins Ausland, aber jetzt noch nicht, vielleicht in einem Jahr. Tamuna hat nie im Dorf gewohnt, aber in den Sommerferien war sie oft bei ihren Großeltern.»Ich habe hier herrlich unbeschwerte Sommertage verbracht.« Die Gräber seien heute der einzige Grund, warum sie herkommen.

Ich sehe, wie Jan an einen anderen Picknick-Tisch gebeten wird. Schon hat er einen Becher Wein in der Hand.

Das Picknick von Nana, Levan und Tamuna dauert nicht allzu lange, dann packen sie wieder alles ein. Ungewöhnlich, denke ich, sonst wird immer ausgiebig gegessen und getrunken.

»Es war schön dich kennenzulernen. Wir müssen weiter, wir haben noch zwei weitere Friedhöfe zu besuchen, um dort mit den Verstorbenen zu essen und zu trinken.« Tamuna umarmt mich zum Abschied wie eine langjährige Freundin. Nana gibt mir einen schmatzenden Kuss auf die Wange und Levan klopft mir kameradschaftlich auf die Schuler. Nachdem sie gegangen sind, springt ein Hund aufs Grab von Nanas Vater, schnuppert am Paske-Kuchen, frisst ihn zur Hälfte auf, bevor er das Staniolpapier der Schokoladeneier aufbeißt und geschickt die Schokoladeneier nascht. Hoffentlich war Nanas Vater ein Tierfreund.

Jan wird von einer großen Familie absorbiert. Brigitte kommt zu mir. »Ist diese Gastfreundschaft, diese Offenheit nicht herrlich? In der Schweiz ist mir so etwas nie passiert.«

»Vermisst du die Schweiz nicht?«

Brigitte schüttelt den Kopf, sodass ihre langen Haare fliegen. »Emmentaler Käse vermisse ich manchmal und ein paar spezielle Süßigkeiten, aber mehr nicht. Trotzdem liebe ich die Schweiz, ich reise auch jedes Jahr für ein paar Wochen zurück, um Freunde zu treffen. Aber in der Schweiz habe ich das Gefühl, dass ich alles schon kenne. Es ist schon schön, die Leute zu besuchen, aber auch mit Stress verbunden. Nach drei Wochen gehe ich gern wieder heim nach Tiflis.«

Sie möchte ihren Wacho, der sich gerade nicht wohl fühlt, nicht allzu lange allein lassen. Auch der Onkel scheint genug zu haben. Jetzt müssen wir nur noch Jan loseisen.

Kapitel 37

Iris

Nachdem ich in Tiflis mit der Schwertlilie im Topf in die Residenz eingecheckt bin, wird es Zeit zu überlegen, wie ich die Iris nach Hause bekomme. Ich beginne zu recherchieren. Schnell wird klar, dass die Topferde ein großes Problem ist, sie könnte Schädlinge oder unerwünschte Mikroorganismen enthalten, die nicht nach Deutschland einwandern sollen. Außer Erde dürfen auch keine Kartoffeln, keine Weinreben und -blätter eingeführt werden. Andere Pflanzen können – ohne Erde nach Deutschland kommen – wenn sie ein Pflanzengesundheitszeugnis haben, das man bei der Einreise vorlegen muss. Anzufordern ist dieses Pflanzengesundheitszeugnis bei der National Food Agency. Ich stelle mir vor, wie man dort die Schwertlilie in Augenschein nimmt und kritisch von den Wurzeln bis zur Blattspitze begutachtet. Findet sich eine kleine bräunliche Stelle am Stängel, gibt's kein Pflanzengesundheitszeugnis oder die Schwertlilie muss erst mal in die Pflanzenquarantäne. Kein Witz, die gibt's wirklich. In der Quarantäne wird dann geschaut, ob sich die braune Stelle ausbreitet, ob es vielleicht eine schlimme Pflanzenkrankheit ist, die die Iris mit sich rumschleppt oder ein georgischer Schädling, der ihr das Leben schwer macht. Keineswegs möchte ich mich über Pflanzenquarantäne lustig machen, es ist schon wichtig, dass keine Schädlinge oder Krankheiten eingeschleppt werden. Aber es geht hier um eine Iris, die bei uns heimisch, also keineswegs exotisch ist. Jedenfalls lese ich, dass die unerlaubte Einfuhr von Pflanzen deren Beschlagnahmung durch den Zoll nach sich ziehen kann, im schlimmsten Fall drohen Strafen.

    Den schlausten Rat bekomme ich bei der Landesanstalt für Landwirtschaft – ich solle die Iris abschneiden, denn die Einfuhr von

Schnittblumen sei kein Problem. Nach meinem Einwand, die Pflanze habe noch gar keine Blüte, drängt man auch bei der Landesanstalt auf das Pflanzengesundheitszeugnis.

Auf der Website der National Food Agency will ich mich darüber schlau machen, doch, die ist auf Georgisch. Heute ist Samstag und am Montag in aller Frühe geht's Richtung Heimat. Samstags arbeitet niemand bei der National Food Agency. Ich sehe eine andere Möglichkeit: Mit der Topfpflanze unterm Arm verlasse ich die Residenz, nur, um am nächsten Baum die Erde aus dem Topf zu kippen und die Wurzeln freizulegen. Die Iris kommt wieder mit zu den Wardrops. Ich wasche die Wurzeln sorgfältig, sodass keine Erdkrume zu sehen ist. Dann schneide ich eine große Plastikflasche auf, fülle den größeren Teil mit Wasser, sodass die Pflanze eine Vase hat. Die Plastikvase kommt auch mit zum Flughafen. Bevor ich das Gebäude betrete, schütte ich das Wasser weg. Problemlos geht die Schwertlilie als Handgepäck durch. Danach bekommt sie auf der Bord-Toilette gleich wieder Wasser. Kurz vor der Landung verstaue ich die Pflanze im Handgepäck und gehe mit klopfendem Herzen zum Ausgang. – Die Iris hat das Abenteuer bestens und ganz ohne Schädlinge überstanden. Sie wächst und gedeiht und hat eine sehr ungewöhnliche Blütenfarbe: rotbraun.

Rezepte

Badridschani

Auberginen mit Walnüssen (für vier Personen)

1 kg Auberginen
150 g Walnüsse
1 kleine Zwiebel
3 Knoblauchzehen
1 Granatapfel
30 g frischer Koriander
30 g Petersilie
20 g Blattsellerie
1 TL Essig
Sonnenblumenöl
Halbe, rote, scharfe Pepperoni
Pfeffer
Salz

Auberginen waschen und der Länge nach in dünne (1 cm) Scheiben schneiden. Das Sonnenblumenöl in der Pfanne erhitzen und Auberginenscheiben auf beiden Seiten hellbraun anbraten. Nach dem Braten die Stücke in ein Abtropfsieb legen.
Walnüsse, Pepperoni Knoblauch, Kräuter und die geschälte Zwiebel sehr fein hacken, in eine Schüssel geben. Essig und Salz beimengen und gut durchmischen. Die Konsistenz ist breiig-fest. Granatapfelkerne auslösen.
Auberginenscheiben mit der Kräuter-Nuss-Mischung reichlich (ca. 3 mm dick) bestreichen, Granatapfelkerne darauf streuen. Auberginen in der Hälfte einklappen, zusätzlich auf der Außenseite mit der Mischung dünn einstrichen, auf einen Teller legen und mit weiteren Granatapfelkernen garnieren. Am besten erst nach ein paar Stunden servieren, damit Kräuter und Gewürze über Nacht einziehen können.

Khatchapuri

Nationalspeise, die man als warmer Käsefladen beschrieben kann.
(für sechs Stück)

500 g Joghurt
1 kg Weizenmehl
50 g Butter
100 ml Milch oder Wasser
4 Eier
1 kg Feta-Käse mit 55 % Fett, eventuell mit Mozarella mischen
Halber TL Speisesoda
1 Prise Salz

Teig:
2 Eier in einer Schüssel verquirlen und den Joghurt darunter mischen.
Die Milch (Wasser), 900 g Mehl, Salz und Speisesoda dazugeben und
kneten, bis der Teig nicht mehr an den Händen klebt. Den Teig aus der
Schüssel nehmen und mit Kraft dreimal schlagen. Danach in den Kühl-
schrank stellen.
Füllung:
Der Käse wird gut ausgedrückt, dann in eine Schüssel gelegt, 2 Eier dazu
und mit der Hand gut durchmischen.
Auf eine Unterlage wird Mehl gestreut, damit der Teig nicht klebt. Teig
aus dem Kühlschrank holen, eine Teigkugel in der Größe eines Apfels
flach auf die Unterlage drücken, bis zu einem Durchmesser von ca. 15
cm. Ungefähr 3 EL der Füllung in die Mitte des Teiges legen, den Teig an
den Rändern fassen und um die Füllung leben. Durch leichtes Kneten
wird der Teig geschlossen. Danach den Teig mit der Hand auf 1 cm flach
pressen. Die Teigfladen in Butter auf beiden Seiten bei mittlerer Hitze
braten, bis sie goldgelb sind. Khatchapuri wird heiß serviert.

Tschakapuli

Lamm mit Estragon und Ringlotten – Ein in Georgien beliebtes Frühlingsgericht. (für 4 Personen)

Halbes Kilo Lammfleisch (Schulter)
50 g Lammfett
250 g unreife Ringlotten, auch Renekloden genannt (eine Pflaumenart)
2 Zwiebeln
ein Bund Frühlingszwiebeln
70 g frischer Estragon
30 g Koriander
30 g Petersilie
20 g Dill
125 ml Weißwein
Salz
Schwarzer Pfeffer

Das Lammfleisch waschen und in 3 cm große Würfel schneiden, Zwiebel schälen und klein schneiden, beides in einem Topf ca. 15 Minuten in Lammfett bei mittlerer Hitze braten. Danach zudecken und immer, wenn zu wenig Flüssigkeit im Topf ist, etwas Wasser dazugeben. Klein geschnittene Frühlingszwiebel hinzufügen und weiterbraten. Nach 10 Minuten kommt der grob gehackte Estragon dazu. Sollte der Strunk hart sein, dann diesen vorher entfernen. Heißes Wasser dazu, bis das Fleisch nahezu bedeckt ist und weitere 15 Minuten köcheln.
Gewaschene Ringlotten im Ganzen, fein gehackten Koriander und Petersilie hinzufügen und mit Pfeffer und Salz abschmecken. Sobald die Ringlotten weich sind (sie sollten nicht zerkocht sein), den Weißwein dazugeben und vom Herd nehmen. Dill fein hacken, dazumischen – und servieren.

Khinkali

Teigtaschen mit Hackfleischfüllung (45-50 Stück für 5-7 Personen)
Khinkali werden in kochendem Wasser zubereitet und in Georgien in
großen Mengen und ausschließlich mit der Hand gegessen. In den Teig-
taschen bildet sich beim Kochen eine schmackhafte Brühe, die beim
Anschneiden mit dem Messer verloren gehen würde. Viele Lokale – Sak-
hinkle – bieten nur Khinkali an.

1 kg gemischtes Hackfleisch
30 g Koriander
2 große Zwiebeln
1 kg Weizenmehl
1 El schwarzer Pfeffer
2 Knoblauchzehen
Salz, Wasser

Teig: Mehl mit 600 ml Wasser und 1 Tl Salz zu einem Teig verarbeiten.
Füllung: Zwiebel schälen und mit gewaschenem Koriander sehr klein
schneiden. In einer Schüssel das Hackfleisch mit 1 Tl Pfeffer, gepressten
Knoblauchzehen und 1 El Salz vermischen. 500 ml Wasser dazugeben
und gut durchkneten.
Teigtaschen: Teig in 3 Portionen teilen, einen Teil mit dem Nudelholz
ca. 1-1,5 cm stark ausrollen. Mit einem Wasserglas (ca. 6 cm Durch-
messer) runde Formen ausstechen und die Teigkreise auf ca. 10-11 cm
ausrollen. 1 gestrichenen El Füllung in die Mitte des Teigkreises setzen.
Den Teigrand nach und nach in kleine Falten legen und um die Füllung
schließen. Wo der Teig geschlossen wird, entsteht ein Teigbürzel, der in
die Höhe ragt.
In einem großen Topf 2 l Wasser und 1 Tl Salz zum Kochen bringen
und ungefähr 15 Khinkalis in das kochende Wasser legen. Vorsichtig
mit einem Holzlöffel am Topfboden entlangfahren, damit die Khinka-
lis nicht am Boden festkleben. Nach ein paar Minuten schwimmen die
Khinkali oben, dann werden sie noch 5 bis 7 Minuten gekocht. Danach
aus dem Topf nehmen und die nächste Ladung Khinkalis kochen lassen.
Vor dem Servieren mit Pfeffer würzen.

Lobio aus roten Bohnen

(für 5-6 Personen)

halbes Kilo rote Bohnen
3 Zwiebeln
4 Knoblauchzehen
80 g frischer Koriander
40 g Petersilie
30 g Stangensellerie (nur Blätter)
2 El Weinessig
2 Tl Korianderkörner
3 El Sonnenblumenöl
Salz
eine halbe, frische rote Pepperoni

Bohnen waschen und in einem Topf mit Wasser zum Kochen bringen. Sobald sich Schaum bildet, diesen abschöpfen, frisches Wasser dazugeben und weiterkochen. Das Wasser sollte die Bohnen dreifach überdecken. Die Kochzeit beträgt ca. 1,5 Stunden. Das Wasser sollte während der Kochzeit nicht komplett verdunsten, immer etwas Wasser dazugeben. Die Bohnen sollen am Ende weich sein.
Zwiebel in Würfel schneiden und in einer Pfanne mit Sonnenblumenöl glasig erhitzen. In einem Mörser Korianderkörner, Knoblauch und Salz zerstoßen. Zwiebel und zerstoßene Korianderkörner-Knoblauch-Mischung zu den weichen Bohnen geben und 10 Minuten bei niedriger Hitze köcheln lassen. Mit einem Pürierstab werden die Bohnen zerkleinert, es soll ein Brei, aber kein Püree geben. Frische Kräuter fein hacken, mit Essig in den Topf geben und 2 Minuten bei niedriger Hitze mitkochen. – Zu Lobio passt Weißbrot

Tschurtschela

Hasel- oder Walnüsse in getrocknetem Traubensaft

1 Liter roter oder weißer Traubensaft
200 g Walnüsse oder Haselnüsse
150 g Weizenmehl
Baumwollfaden
eine Nadel

Walnusskerne vierteln (falls Haselnüsse verwendet werden, kurz anrösten und die Haut entfernen). Die Nusskerne mit Hilfe einer Nadel auf ca. 20 cm lange Baumwollfäden fädeln. Traubensaft in einen Topf gießen, zum Kochen bringen, vom Herd nehmen, abkühlen lassen, dann bei niedriger Hitze langsam mit einem Kochlöffel Mehl einrühren. Ca. 30 Minuten eindicken lassen und gelegentlich gut durchrühren, um Klumpen zu vermeiden. Der Saft ist fertig, wenn der Mehlgeruch und -geschmack verschwunden ist. Danach vom Herd nehmen und auf Raumtemperatur abkühlen lassen. Nussketten in den Topf tunken und zum Antrocknen aufhängen, ohne, dass die Ketten einander berühren. Diesen Vorgang dreimal wiederholen, solange der an den Nussketten angetrocknete Saft noch etwas weich ist.

Die hier abgedruckten Rezepte gelten als typisch georgische Gerichte, sie sind in Georgien sehr beliebt und dürfen an keiner Tafel fehlen.